MAMYTWINK

FLORIAN HENN, FRANÇOIS CALVIER ET JULIEN AUBRÉE

LES EXPLORATIONS NOCTURNES

Michel LAFON

118, avenue Achille-Peretti
CS 70024
92521 Neuilly-sur-Seine Cedex
www.michel-lafon.com

SOMMAIRE

EXPÉDITIONS AU CŒUR DU PATRIMOINE OUBLIÉ

Il y a bientôt dix ans, lors d'un après-midi d'hiver, François m'a proposé de partir explorer un lieu singulier : les forts de guerre abandonnés de Metz. Durant de longues heures, nous avons parcouru les ruines de l'ensemble fortifié, remontant le temps et l'Histoire au fil des galeries souterraines. Cette expédition insolite a donné naissance à mon envie de redécouvrir le monde par le biais de son patrimoine oublié. Quelques années plus tard, ma rencontre avec Julien, notre passion commune pour l'Histoire et le talent cinématographique de François nous ont conduits à créer la série de vidéos *Les Explorations nocturnes*. À la lumière de nos lampes torches et à l'aide de nos caméras, nous avons sillonné la France à la recherche de son patrimoine historique abandonné. Châteaux, hôpitaux, forts de guerre, navires ou encore prisons, nous avons ouvert les portes de ces lieux oubliés afin d'en capturer l'âme, d'en raconter l'histoire et d'en conserver un témoignage indélébile.

Exploration de lieux exceptionnels, histoires et anecdotes insolites, exploits sportifs ou encore rencontres inattendues, nous partageons depuis plusieurs années nos aventures sur notre chaîne YouTube. En écrivant ce livre, nous avons souhaité raconter nos plus belles expéditions sous un autre angle. En toute intimité, François, Julien et moi vous emmenons au cœur des explorations nocturnes qui ont marqué notre vie. Cet ouvrage, fait de souvenirs et d'émotions, est le fruit de longs mois passés à retranscrire notre passion pour le patrimoine abandonné.

Les explorations présentées dans ce livre ont parfois été réalisées dans la clandestinité. La visite de lieux abandonnés n'est pas sans risques et doit être pratiquée avec rigueur, connaissance de la loi et précaution. Si vous souhaitez vous y intéresser, retrouvez nos conseils d'exploration en fin d'ouvrage.

I

LES OSSEMENTS SECRETS DES CATACOMBES

–

Le sous-sol de la ville de Paris cache un véritable secret : un réseau de plus de 300 kilomètres de carrières souterraines creusées au fil des siècles. Avec Nicolas et François, je suis parti explorer les catacombes interdites, à la recherche des ossements oubliés.

LES CATACOMBES INTERDITES DE PARIS

HISTOIRE

Depuis l'époque gallo-romaine, le sol de la région parisienne est creusé afin d'en extraire des matériaux de construction. Les carrières souterraines s'y multiplient car la pierre, protégée des affres du temps et des intempéries, y est de meilleure qualité que dans les exploitations à ciel ouvert. L'expansion quasi anarchique des carrières transforme rapidement le sous-sol de la capitale en un véritable gruyère, au point où, à la fin du XVIIIe siècle, la situation devient critique. Alerté par une série d'effondrements, Louis XVI forme la commission d' « Inspection des carrières », dont le rôle est de cartographier et de consolider l'immense dédale hétéroclite. De nombreuses galeries « d'inspection » sont ainsi percées pour relier les salles entre elles, jusqu'à former un réseau de près de 300 kilomètres de long sous la capitale.

À la même époque, les cimetières débordent au sein de la cité et on ne sait plus que faire des corps. Il n'est pas rare qu'une fosse commune trop pleine fasse céder le mur de la cave d'une habitation et vienne s'y déverser. On prétend même qu'un maçon aurait contracté la gangrène simplement en touchant une paroi suintant la mort. L'insalubrité et les maladies menacent les citoyens. Les autorités décident alors de libérer de la place dans les cimetières et évacuent les ossements de plus de six millions d'individus dans une partie du réseau souterrain. Des ossuaires sont créés dans plusieurs secteurs et le terme « catacombes de Paris » devient alors le nom d'usage de l'ossuaire municipal.

Du XIXe au XXe siècle, les carrières servent à de multiples fins : distillerie, brasserie, abri de bombardement, bunker lors de la Seconde Guerre mondiale, etc. Au début des années 1950, le dédale de galeries se meut en un lieu de rencontre. Étudiants, fêtards, cataphiles ou simples curieux y déambulent. Pour des raisons de sécurité, les catacombes de Paris sont interdites d'accès en 1955 et des patrouilles de police spécialisées sont chargées de verbaliser les visiteurs importuns. Aujourd'hui encore, les inspecteurs des carrières surveillent et maintiennent ce labyrinthe en état afin qu'il ne s'effondre pas sous les pieds des habitants. Les cataphiles, véritables passionnés, continuent quant à eux à explorer cet endroit hors du temps en creusant des chatières et en préservant le secret des accès clandestins afin d'entretenir la mémoire des entrailles de la capitale.

PLONGÉE DANS LES ENTRAILLES DE PARIS

Le boulevard d'ordinaire bouillonnant d'activité et de vie est étrangement calme à cette heure avancée de la nuit. Seuls le ronronnement de quelques moteurs et les rires des noctambules résonnent au loin. La façade de la mairie d'arrondissement est illuminée ici et là par la lueur verdâtre de ses issues de secours et le commissariat voisin semble endormi, comme assommé par la chaleur étouffante qui règne en ce début de mois de juin. Sous le halo d'un lampadaire, Nicolas, notre guide pour cette mission, nous donne ses dernières instructions. Lorsqu'il soulèvera la plaque d'égout au milieu de l'artère, tout devra aller très vite. « On n'a pas plus de vingt secondes, il faut qu'on soit à l'intérieur le plus rapidement possible. Mais t'inquiète, tout va bien se passer », me rassure-t-il. Il a raison. Si nous nous faisons repérer, l'exploration tombe à l'eau et cet accès clandestin sera condamné. La sérénité que Nicolas affiche contraste avec mon appréhension.

Une échelle de 30 mètres mène au cœur des catacombes interdites.

Le grincement du métal retentit dans la nuit parisienne et un trou béant se révèle à mes pieds. Nicolas nous donne l'ordre d'y aller. François s'engouffre en premier dans l'ouverture et disparaît dans les ténèbres. Quelques instants plus tard, c'est à mon tour de me lancer. D'un pas hésitant, je me rapproche de la bouche, prends appui sur le premier barreau de l'échelle et entame la descente. Les battements de mon cœur s'accélèrent. Le son ambiant de la capitale s'évanouit, les lueurs des réverbères s'estompent et je me sens avalé par le trou noir. Le bruit sourd de la plaque qui se referme retentit dans le conduit, nous sommes plongés dans le noir. J'allume ma lampe frontale et découvre que l'échelle sur laquelle je me trouve s'enfonce de façon vertigineuse dans l'obscurité. Suspendu à plus de 20 mètres au-dessus du vide, je m'agrippe, presque tétanisé, aux barres de métal humides et froides scellées dans la pierre. Malgré nos puissants éclairages, je ne parviens pas à distinguer le sol. Ironiquement, cela m'aide à surmonter ma peur du vide. La respiration haletante, je progresse lentement vers le cœur des entrailles de Paris. Cette descente dans l'inconnu me paraît interminable. Après de longues minutes, je foule enfin la terre des anciennes carrières souterraines. Quelques canettes de bière rouillées et des emballages en papier jonchent le sol et témoignent de visites passées. À présent, nous ne courons plus le risque d'être repérés. Je profite de cet instant de répit pour poser mon sac à dos au sol et en sortir mon matériel de tournage. François m'aide à enfiler mon bras articulé et à installer mes caméras. L'exploration nocturne peut commencer.

Pendant que je me prépare, Nicolas jette un œil sur sa carte. Soigneusement plastifiée et couverte d'annotations, elle est notre seul moyen de nous repérer dans l'immensité du réseau souterrain. Il nous invite à le suivre tandis qu'il emprunte le couloir de droite au premier embranchement. Nous atteignons bientôt une petite salle où plusieurs bancs ont été taillés à même la roche. Ils entourent un bloc de calcaire sur lequel je pose ma caméra et mon éclairage.

Nicolas connaît cet endroit comme sa poche. Cataphile à ses heures perdues, il parcourt régulièrement ce dédale et a fait de ce labyrinthe son terrain de jeu favori. Muni de son plan détaillé, il nous décrit les passages que nous allons emprunter et les différentes épreuves qui nous attendent. Notre objectif : atteindre le carrefour des Morts, l'ossuaire principal des catacombes interdites de Paris.

CONSEIL DE L'EXPLORATEUR

Lorsque vous prévoyez d'explorer un lieu souterrain abandonné que vous ne connaissez pas, faites-vous accompagner d'un guide expérimenté. Dans cette exploration, la présence de Nicolas s'est révélée indispensable. En plus de sa connaissance approfondie du terrain, il dispose d'une cartographie précise du réseau souterrain. Chaque année, des curieux s'aventurent dans les catacombes de Paris sans prendre ces précautions et finissent par s'y perdre.

NOTE HISTORIQUE

Par raccourci, le terme « catacombes de Paris » est souvent utilisé pour désigner l'ensemble du réseau de carrières souterraines de la capitale. Pourtant, cette appellation n'est pas totalement exacte pour deux raisons. D'une part, les carrières qui ont servi à extraire la pierre nécessaire à la construction de certains bâtiments de la ville n'ont jamais été pensées comme des lieux de sépulture. D'autre part, les secteurs contenant des ossements ne représentent en réalité qu'une infime partie des centaines de kilomètres de tunnels que compte l'immense réseau souterrain. Notre expédition nous mène au carrefour des Morts, le second ossuaire de la capitale, aménagé en annexe des catacombes municipales. Contrairement à ces dernières, ce sanctuaire est interdit d'accès et n'a jamais été entretenu. Les ossements y jonchent le sol dans le plus grand désordre.

« UN AMAS DE CRÂNES
HUMAINS INDIQUE QUE
NOUS SOMMES ARRIVÉS
AU CARREFOUR DES MORTS.»

VOYAGE AU ROYAUME DES MORTS

Nous explorons à présent cet entrelacement complexe de couloirs depuis plus d'une heure, remontant le temps au fil des inscriptions laissées sur les murs par les inspecteurs des carrières. Dans certaines galeries, une plaque indique le nom de la rue, du boulevard ou de l'artère sous laquelle nous nous situons. Lorsque je reconnais une rue familière, je m'amuse à imaginer, depuis le calme absolu des profondeurs, l'agitation qui règne au-dessus de nous dans la métropole.

Petit à petit, la voie se rétrécit, jusqu'à devenir un mince boyau dans lequel nous devons nous frayer un chemin tête baissée. Les fortes crues des mois passés ont formé par endroits de longs ruisseaux. Tels des damnés franchissant le Styx ou l'Achéron, nous devons traverser ces cours d'eau pour rejoindre le carrefour des Morts. La terre argileuse et le sol accidenté rendent la progression difficile. Au rythme du vacarme assourdissant de nos pas dans l'eau, nous nous enfonçons dans la ville souterraine. À la croisée de deux chemins, Nicolas se retourne et pointe à l'aide du faisceau de sa lampe torche une étrange relique posée entre deux pierres. J'avance de quelques pas et tombe nez à nez avec un crâne humain. Comme un panneau qui indique l'entrée d'un village, il marque la frontière entre le monde des vivants et celui des morts.

Nos chaussures de randonnée, imbibées d'eau et couvertes de boue, rendent notre démarche incertaine. La quiétude ambiante devient de plus en plus pesante. Pourtant nous n'avons d'autre choix que de continuer à avancer. D'abord arc-bouté, puis maintenant à genoux, j'ai l'étrange sensation d'être avalé par la terre elle-même. Chaque nouveau mètre me rapproche de ce qui semble être une impasse. Soudain, notre guide s'arrête et rompt le silence, arborant un sourire malicieux : « On y est ! Vous êtes prêts ? »

Une minuscule brèche dans la paroi laisse entrapercevoir un boyau menant à une salle parallèle. Cette infime tranchée mesure 70 centimètres de haut et fait à peine 40 centimètres de large. Avec une facilité déconcertante, Nicolas y plonge, disparaissant presque instantanément. Quelques secondes plus tard, le son de sa voix parvient jusqu'à moi. C'est à mon tour de le suivre. Je retire mon bras articulé, le range dans mon sac et jette ce dernier dans l'orifice. Je me hisse les pieds devant dans la fente et me glisse entre les immenses blocs de pierre, poussant mon sac devant moi. Le passage est trop étroit pour mes épaules et je suis obligé de me contorsionner afin de ne pas rester coincé. Je m'étais préparé à l'idée de traverser des conduits exigus, mais la réalité dépasse de loin ce que j'avais imaginé.

Une bouffée de chaleur m'envahit et la peur de rester piégé ici, à 20 mètres sous terre, me paralyse. Instantanément, je fais marche arrière et m'extirpe de ce boyau oppressant. François propose de me précéder et m'insuffle le courage nécessaire pour une deuxième tentative.

Je reprends mon souffle et je m'engouffre à nouveau dans la percée. Oubliée la vidéo, je ne pense qu'à une seule chose : avancer. Tandis que je me trouve au centre de la chatière, la terre se met à trembler et un vrombissement sourd accompagne la secousse. Un métro est en train de passer à quelques mètres seulement au-dessus de ma tête. L'espace d'un instant, je panique. Heureusement, je reprends mes esprits et continue à me faufiler. Enfin, l'épreuve se termine et je parviens à m'extraire de cet étau infernal. Quand je pose les pieds par terre, un craquement sinistre retentit. Un frisson me parcourt l'échine. Le sol n'est ni argileux ni poussiéreux, mais bel et bien couvert d'ossements humains. D'un air satisfait, notre guide nous souhaite la bienvenue au carrefour des Morts.

Par moments, je n'ai d'autre choix que de ramper parmi les défunts.

Nous entrons dans l'empire des morts. Malgré l'abondance d'ossements, nous prenons soin de les éviter autant que possible et nous frayons un chemin parmi les dépouilles. Le point d'orgue de notre exploration nocturne est à venir. À mesure que nous approchons de notre destination, la quantité d'ossements augmente et la progression est ralentie. Les parois maçonnées édifiées par les inspecteurs des carrières afin de consolider les tunnels laissent place à des cavités creusées à même la roche. Au détour d'un couloir, une étonnante représentation attise ma curiosité. Deux fémurs dressés ont l'air de soutenir la voûte à eux seuls. J'avance vers eux pour mieux les observer. Nicolas me rejoint et m'arrête. Cette partie des catacombes n'a jamais été renforcée, il faut donc être extrêmement prudent. Je suis ses conseils et rebrousse chemin, peu pressé de rejoindre le royaume des morts.

Le sol est à présent entièrement recouvert d'ossements, un lit de restes humains s'étend à perte de vue devant moi. Le tunnel s'écrase à nouveau et je n'ai d'autre choix que de ramper parmi les défunts. Nous atteignons enfin le but de notre expédition. Devant nous un immense amas d'ossements enchevêtrés s'élève tel un monument érigé à la gloire des trépassés. Nicolas m'invite à m'allonger sur le dos pour contempler cet invraisemblable tableau. Je nage à présent dans une mer d'ossements. Arrivé au bout, je prends ma lampe torche dans ma poche et la pointe en direction du plafond. Je découvre avec stupéfaction une imposante tour d'ossements figée dans le temps. Au-dessus de ma tête tient en équilibre une montagne colossale de restes humains dont je ne parviens pas à voir le sommet. Il s'agit d'une bouche d'aération par laquelle ont été déversés les squelettes quelques siècles plus tôt. À force de recevoir des tonnes d'os cette cheminée s'est obstruée, formant avec le temps un funèbre entassement calcifié de près de 20 mètres de haut.

Après ces quelques instants hors du temps, François et moi enregistrons une séquence explicative pour la vidéo. Nous rebroussons ensuite chemin. Voilà maintenant bientôt quatre heures que nous errons sous terre. Pour le moment, nous n'avons croisé aucun autre explorateur et je ressens l'étrange sensation d'être le gardien de ce sanctuaire. Inspecteurs des carrières, ouvriers, brigades de police, cataphiles ou simples curieux, nombreux sont ceux qui ont pourtant déjà arpenté ces couloirs. Mais ce soir, François, Nicolas et moi sommes les uniques invités de ces curieux hôtes. Trêve de rêveries, nous revenons sur nos pas. Nicolas ouvre la voie, muni de sa précieuse carte, véritable fil d'Ariane dans ce labyrinthe.

En chemin, nous nous arrêtons devant une bifurcation et décidons de nous séparer. L'idée de me retrouver seul ici est à la fois effrayante et enthousiasmante. Je dois tenter l'expérience. Mes deux compères partent par la droite et je prends le passage de gauche. Me voilà, l'espace de quelques minutes, plongé seul dans les méandres du sous-sol parisien. À peine les dernières lueurs projetées par les lampes de mes compagnons éclipsées, l'atmosphère change radicalement. Au loin, les derniers échos de leur voix rebondissent, puis plus rien. Je progresse, abandonné de tous, dans les carrières souterraines.

Je repense aussitôt aux légendes urbaines qui circulent sur ce lieu. Un documentaire en particulier m'a beaucoup marqué. Il relate la disparition d'un visiteur solitaire venu explorer les catacombes de Paris. Sa caméra, retrouvée par d'autres promeneurs, contient des images à glacer le sang. On y voit un homme paniqué progresser de manière précipitée dans ces mêmes couloirs, se retournant à plusieurs reprises, comme pour vérifier qu'il n'est pas suivi. Tout à coup, il panique et laisse tomber son matériel avant de disparaître mystérieusement. Le propriétaire de ces images n'a jamais refait surface et il est impossible de savoir s'il s'agit d'une mise en scène ou non. Le fait de me remémorer ce film stimule mon imagination débordante et décuple mes sens. Chaque goutte qui ruisselle, chaque frottement des lanières de mon sac contre le pan de la tranchée et même l'ombre projetée par ma caméra me font sursauter. Je finis par rejoindre mes camarades à l'embranchement de nos deux tunnels et la pression retombe.

La visite hors du temps se poursuit. Tous les chemins se suivent et se ressemblent. J'ai l'impression de tourner en rond. Finalement, une marque dessinée sur une brique me rappelle un couloir familier. Nous sommes de retour en bas de la bouche par laquelle nous sommes arrivés.

Je range mon matériel et me prépare à gravir l'interminable échelle. J'entame la remontée et me retrouve enfin à l'air libre. Il est près de 4 heures du matin et Paris est endormi. Une sensation de légèreté et d'euphorie s'empare de moi quand je prends conscience de l'aventure que je viens de vivre. La fatigue ne se fait pas attendre et nous rentrons à l'hôtel sur-le-champ. Quand nous poussons la porte, le concierge jette un regard étonné sur nos tenues éprouvées par l'eau, l'argile et la poussière. (S'il me lit, j'en profite pour m'excuser de l'état dans lequel nous avons laissé la moquette de l'établissement.) Cette nuit, je n'arrive pas à m'endormir et me repasse en boucle les images de mon incroyable périple, comme pour en imprimer définitivement chaque instant dans ma mémoire. Je ne me suis jamais senti aussi vivant qu'après cette plongée vertigineuse au cœur des entrailles de Paris.

PROLONGER L'AVENTURE

Notre descente dans les profondeurs de la capitale et ce voyage dans le temps nous ont laissé un souvenir indélébile. L'histoire du lieu, son architecture et les émotions que nous avons ressenties font de cette exploration nocturne une expérience unique. Si une virée au royaume des morts vous tente, les catacombes de Paris peuvent être visitées en toute légalité à partir de la place Denfert-Rochereau. Si vous souhaitez toutefois prolonger l'aventure au-delà des murs de ce musée et vous engouffrer dans les catacombes interdites, faites-vous accompagner d'un cataphile qui saura vous initier. Gardez à l'esprit que cette pratique est illégale et dangereuse. Soyez préparé et averti, introduisez-vous avec un guide de confiance, munissez-vous de vivres, d'eau et d'éclairages, et ne vous laissez pas emporter par votre fougue.

II

LA PLUS GRANDE PEUR DE MA VIE

–

Metz est une ville entourée de nombreux forts de guerre abandonnés. Un soir de décembre 2015, je me suis aventuré seul dans l'un d'entre eux. L'exploration ne s'est pas passée comme prévu et j'ai vécu la plus grande peur de ma vie.

LES FORTS DE GUERRE DE METZ

HISTOIRE

Avant de plonger dans notre toute première exploration nocturne, revenons sur l'histoire de la ville de Metz et de ses fortifications. Du IIIe au XXe siècle, Metz a été une place forte centrale et un carrefour entre deux puissances européennes : la France et l'Allemagne. Tour à tour capitale du royaume d'Austrasie (entre 511 et 751 après J.-C.), république indépendante (du XIIIe siècle à 1552) et ville annexée à l'Empire allemand (de 1871 à 1918, puis de 1940 à 1944), Metz a occupé le devant de la scène économique, politique et militaire de sa région au cours des âges.

Au IIIe siècle, les Romains, établis dans la ville (appelée à l'époque Divodurum), jugent nécessaire de bâtir un rempart en pierres pour lutter contre les incursions barbares. Cette première enceinte est perfectionnée au Moyen Âge. Du XIIIe au XVIe siècle, la République messine prospère et attise la convoitise de ses puissants voisins. Elle construit une nouvelle muraille pour entourer les faubourgs de la cité. La fortification infranchissable contribue en 1552 à la victoire décisive du duc de Guise et de ses 6 000 soldats face à l'armée de Charles Quint, pourtant dix fois supérieure en nombre, lors du siège de la ville.

Trois siècles plus tard, Metz, alors ville du second Empire, se retrouve à nouveau au centre des préoccupations militaires. La Prusse et ses alliés font planer l'ombre de la guerre. Les progrès de l'artillerie rendent obsolètes les anciens remparts de la cité messine. Le génie civil français décide donc de construire une première ceinture de fortifications à l'extérieur de la ville, composée de plusieurs groupes fortifiés détachés. En 1870, alors que la guerre franco-prussienne éclate, le dispositif défensif imaginé par le colonel Séré de Rivières demeure inachevé. Le terrible siège de Metz constitue pour la France une cinglante défaite. Suite à l'annexion de l'Alsace et de la Moselle par l'Empire allemand le 10 mai 1871, Metz devient une ville du Reich.

L'empereur Guillaume Ier, conscient que la France n'hésitera pas à employer la force pour récupérer ses territoires, entreprend de grands travaux. Il poursuit les améliorations de la première ceinture fortifiée et ordonne la création d'une seconde enceinte. À l'aube de la Première Guerre mondiale, 25 000 soldats sont stationnés à Metz. Néanmoins, les principaux champs de bataille se situeront à Verdun, à 60 kilomètres de là, et les forts de Metz ne connaîtront leur baptême du feu qu'à la fin de la Seconde Guerre mondiale. Les deux ceintures de fortifications ralentissent alors considérablement l'avancée des troupes du général Patton, et le fort Jeanne-d'Arc est le dernier à rendre les armes, le 13 décembre 1944, plusieurs semaines après la libération de la ville.

Cette première exploration nocturne nous conduit en plein cœur du groupe fortifié du Saint-Quentin. Construit entre 1867 et 1870, l'ouvrage fait partie du patrimoine historique emblématique de la ville de Metz. Témoignage indélébile des combats des dernières guerres, notamment la bataille de Metz en 1944, ce lieu est désaffecté depuis plus d'une décennie. Enseveli par la nature et interdit au public, il recèle des casernes, tourelles d'artillerie et surtout de nombreuses galeries souterraines.

FORTS DE GUERRE ABANDONNÉS

La nuit est tombée, glaciale, en ce début de mois de janvier. François ajuste une dernière fois le bras articulé installé sur mon épaule et le sangle autour de mon torse. Il fixe une caméra au bout du mécanisme, l'allume et lance l'enregistrement. La lampe frontale nouée sur l'ossature en plastique m'éclaire d'une lumière froide. Ce dispositif imaginé par mon compère doit permettre de capter les moindres expressions de mon visage tout au long de mon expédition nocturne. J'active également une seconde caméra que je tiens à la main. Ainsi équipé, je récupérerai l'intégralité des images de mon expédition afin d'en partager les meilleurs moments sur YouTube !

Je répète une dernière fois le plan de la soirée avec François. Je m'engouffrerai seul dans l'ancien ouvrage militaire de 80 hectares. Je traverserai le casernement principal, puis emprunterai ses souterrains avant de rejoindre la « cathédrale », une pièce dont l'acoustique exceptionnelle rappelle celle des édifices religieux. Mon exploration s'achèvera par la descente dans la « cabane du Fou ». Cette destination est le point d'orgue de ma vidéo. Selon la rumeur, un ermite y vivrait et le simple fait de m'imaginer seul là-bas me donne la chair de poule. De son côté, François m'attendra dans la voiture, prêt à me rejoindre en cas d'imprévu.

Après un clap pour synchroniser les pistes audio des deux caméras et une tape sur mon épaule, François me signale qu'il est temps d'y aller. Mon ami fait demi-tour et part retrouver son véhicule. La nuit l'engloutit.

La brise d'hiver et le froid mordant accompagnent mes premiers pas. D'une voix chevrotante, je me reprends pour enregistrer l'introduction de ma vidéo. « Bonjour à toutes et à tous, les amis, et bienvenue dans ce hors-série de ma chaîne YouTube. » Ça y est ! Je tourne ma première exploration nocturne ! J'ignore alors que je m'apprête à éprouver la plus grande peur de ma vie.

Je disparais dans la forêt, empruntant le chemin pavé qui mène au groupe fortifié du mont Saint-Quentin. Je progresse dans l'épaisseur de la nuit. Le panneau LED de ma caméra éclaire crûment le paysage hostile qui m'entoure et dans cette lumière lugubre, les arbres se font menaçants. Sur ma droite se profilent les contours des premières fortifications.

Une légère brume enveloppe la silhouette des bâtisses. Leurs fenêtres forment des trous béants par lesquels s'échappe l'air glacé et vicié de leurs entrailles. L'expression « avoir froid dans le dos » prend ici tout son sens. Je détourne rapidement le regard et continue d'avancer. Une chouette rompt le silence qui règne dans la forêt. Mon cœur s'emballe et je tressaille avant de sourire, surpris d'être effrayé par l'animal. Au loin, une gigantesque gueule béante se dessine dans la nuit. Les anciens rails du système d'acheminement de munitions me guident vers cette porte d'entrée inquiétante que je franchis. Je traverse un long tunnel voûté orné de briques : l'entrée principale de l'enceinte fortifiée.

Je progresse désormais avec prudence le long d'un fort. Au premier craquement, je m'immobilise à l'affût du moindre mouvement. Je repense à ce macabre fait divers qu'on se racontait pour se faire peur : quelques années auparavant, un homme avait enlevé son ex-compagne et l'avait séquestrée aux alentours puis assassinée. Je me surprends à frissonner. C'est bête, je ne crains rien ici, ce sont simplement la solitude et la nuit qui me jouent des tours. Mon rythme cardiaque se calme petit à petit alors que je chemine lentement dans l'édifice, un peu plus rassuré.

Soudain, un faisceau de lumière fend la brume et je me retrouve nez à nez avec trois autres explorateurs. Originaires de la région, ils sont venus passer leur soirée dans l'immense dédale de vestiges. Je les salue, puis continue ma route. Cette rencontre inattendue me donne le courage nécessaire pour m'engouffrer dans l'ouvrage principal qui me fait face. Je suis moins seul que je ne le croyais. Le pont qui permettait aux véhicules de circuler à travers le bâtiment a disparu et laissé place à un fossé que je franchis. À l'intérieur de l'ouvrage colossal, deux longs couloirs courbés s'enfoncent de part et d'autre dans les ténèbres. Mon puissant éclairage ne suffit pourtant pas à en atteindre les extrémités, qui demeurent dans la pénombre. À partir de ces corridors, des embranchements plongent dans les sous-sols. Cette ruine est un véritable labyrinthe à la nuit tombée. Je reprends mon souffle, prêt à plonger dans la gueule obscure qui me fait face. La lumière vacille au rythme de ma démarche, peinant à dissiper le noir complet dans lequel j'avance, chacun de mes pas résonnant avec fracas dans l'immense réseau de galeries.

FAITS DIVERS

Début juillet 2012, une gigantesque chasse à l'homme est organisée dans les forêts situées à l'ouest de Metz. Suspecté d'avoir abattu un homme d'un tir de fusil de chasse, Christian Keiber kidnappe son ex-compagne et s'enfonce dans la vaste étendue de fortifications messine pour se cacher avec son otage avant de la tuer. Il sera interpellé par le GIGN après cinq jours de traque et avouera les deux meurtres. Quelques mois plus tard, Christian Keiber sera retrouvé sans vie dans sa cellule.

Après quelques minutes passées à sillonner les coursives, je parviens à un escalier en colimaçon, que j'emprunte, descendant prudemment les marches. La rambarde a disparu, la pierre est glissante et le moindre faux pas pourrait m'entraîner dans une chute vertigineuse. Cette spirale infernale m'aspire dans les profondeurs du bâtiment et débouche sur un nouveau tunnel. L'humidité ambiante rend le sol boueux et charge l'air d'une désagréable odeur de rouille et de moisissure. Quelques bougies éteintes ont savamment été posées tout au long de la cavité. Elles me guident jusqu'à une échelle rouillée encastrée dans le mur. J'enlève mon équipement, le pose avec précaution au sol et entame l'ascension. Au sommet, je découvre avec surprise la bouche d'un ancien poste d'artillerie. Ce dernier a été complètement éventré par la guerre. Les blocs de fonte de l'ancienne coupole de protection du canon sont fracturés et témoignent de l'intensité des bombardements américains. La nuit silencieuse contraste avec l'agitation de la guerre qui a régné ici à l'automne 1944. Je profite de la brèche dans l'épaisse couche de métal pour m'extirper du complexe et retrouver l'air frais de l'extérieur. Mon expédition se poursuit sur les toits de la caserne, au milieu des hautes herbes. Au loin, les éclairages des villages bordant la Moselle forment quelques enclaves de lumière dans la nuit.

SEUL DANS LA NUIT

De retour sur la route principale, je retrouve la trace de l'ancienne voie ferrée, qui me conduit à une clairière au milieu de laquelle se dresse une masse sombre. Un bâtiment semi-enterré se révèle à la lumière de ma lampe torche. Une plaque au-dessus de l'entrée rappelle la date de construction de l'édifice, « 1891 ». Tout à coup, je me fige. D'étranges chuchotements semblent provenir de l'intérieur. « Bonjour ! Il y a quelqu'un ? » J'interpelle ces supposés visiteurs, mais mon appel reste sans réponse. Après quelques secondes d'hésitation, je décide d'entrer.

Le cœur battant, je pars à leur recherche. Je ne rencontre personne, mais découvre l'une des batteries d'artillerie principales de l'ouvrage militaire. Elle renferme les immenses rouages de deux anciens postes de tir ayant servi aux Allemands lors de la Seconde Guerre mondiale. Le couple de tourelles construites sur deux étages permettait aux soldats de manœuvrer les puissants canons à travers une coupole monumentale. Les infiltrations causées par les dernières pluies ruissellent le long des mécanismes rouillés, et les gouttes ainsi formées chutent de manière régulière dans une flaque verdâtre qui s'est formée au pied d'une des tourelles. C'est le son déformé de ces gouttelettes similaire à des murmures discrets qui m'a joué un mauvais tour.

FRED

« CES IMMENSES ROUAGES PERMETTAIENT DE MANŒUVRER LES CANONS DU FORT. »

Je quitte la clairière et continue mon périple nocturne. À un embranchement, je bifurque sur la gauche et m'enfonce dans un fourré. L'imposant bâtiment qui se dessine détonne par rapport aux forts massifs et grossiers visités plus tôt. Construit sur deux étages, il est orné d'encolures et de motifs soigneusement taillés. Deux échauguettes trônent même au sommet de la porte d'entrée. La plupart des pièces du premier étage se sont effondrées et il serait trop risqué de m'y aventurer. Je préfère m'enfoncer dans les sous-sols, empruntant un escalier étriqué. La paroi, noircie par une couche de suie, est parsemée de dizaines de petites croix religieuses dessinées à la craie. Ces étranges inscriptions me guident au sous-sol. Je découvre une vaste salle entièrement noircie, probablement par un incendie. La noirceur de la pièce et les jeux d'ombres créés par mes éclairages me donnent l'impression d'errer dans les ténèbres. Parmi les nombreux graffitis tracés sur les murs, un pentacle annoté d'inscriptions ésotériques témoigne de rituels pratiqués ici.

L'architecture de la pièce décuple la résonance du son, et l'écho de ma voix se répercute pendant de longues secondes contre les voûtes. Je profite d'un bloc de pierre écrasé au sol pour m'asseoir et changer les batteries des caméras. Voilà bientôt deux heures que je déambule seul dans ce réseau interminable de forts de guerre. La solitude, l'obscurité enveloppante et mon état de vigilance permanent m'épuisent. Cette exploration ne m'amuse plus. Je décide de remonter à la surface pour appeler François.

Une fois dehors, je prends mon téléphone et tente de joindre mon ami. La conversation est hachée et je parviens à peine à le comprendre. Tant bien que mal, je lui fais part de mon anxiété et de l'envie de mettre fin au tournage. Il insiste. La cabane du Fou est un passage incontournable de la vidéo ! Pour me convaincre, il promet de venir me chercher à la sortie du fort dès la fin du tournage. Je prends mon courage à deux mains, raccroche et avance d'un pas incertain vers ma dernière destination.

CONSEIL DE L'EXPLORATEUR

Ne vous aventurez jamais seul dans un lieu abandonné. Vous pourriez vous y perdre, faire de mauvaises rencontres ou vous blesser. Dans le cadre de cette exploration, François m'attendait à la sortie du groupe fortifié et gardait un contact permanent avec moi. De plus, j'ai visité le lieux une centaine de fois et j'en connais les moindres recoins.

LA PLUS GRANDE PEUR DE MA VIE

Je balaie le sous-bois de mon éclairage, à la recherche des indices menant à l'entrée de la cabane du Fou. La végétation dense rend la tâche difficile. Avec le temps, les cicatrices de la guerre ont été recouvertes par la nature. Dénudés et transis de froid, les arbres, enchevêtrés dans les pierres des bâtiments, offrent un spectacle lugubre.

Enfin, une minuscule ouverture cachée derrière un arbuste apparaît dans le faisceau de ma lampe. Je me faufile à l'intérieur d'une petite bâtisse a priori anodine. Composée de deux salles, elle débouche sur un long tunnel dont je n'arrive pas à apercevoir l'extrémité. La peur de m'y aventurer seul rivalise avec mon impatience de terminer mon exploration et de retrouver François. Je prends une grande inspiration et pénètre dans la galerie, si étroite qu'elle ne peut accueillir qu'une seule personne. En cas de rencontre inattendue, aucune échappatoire n'est possible. Je poursuis tout de même mon chemin jusqu'au bout du long couloir dont l'extrémité commence à s'effondrer. J'enjambe tant bien que mal un éboulis de pierre. Le tunnel mène à deux petites salles fortifiées. Sur ma droite, une ouverture débouche sur l'extérieur. J'entre dans la première pièce. Dans une meurtrière, de curieux reflets attirent mon attention. Des ustensiles de cuisine flambant neufs ont été rangés là. À côté, plusieurs bouteilles d'eau et un flacon d'alcool à brûler confirment que l'endroit a été habité récemment. Le malaise s'installe. Et si quelqu'un vivait vraiment ici ? Et si je n'étais pas seul ce soir ?

Je rassemble mon courage et m'approche prudemment de la dernière salle. Comme toutes les pièces, elle est composée d'épais murs de pierre apparente et une fine couche de poussière s'amoncelle par terre. Soudain, un détail trouble mon attention. De sombres traces se dessinent au sol. Je les fixe, attiré par le reflet de lueurs rougeâtres. Du sang. Je relève la tête et découvre avec horreur le corps sans vie d'un homme. Couvert d'un long manteau brun, il ne porte pas de chaussures. Ses pieds nus me font face. Allongé sur le ventre, le cadavre baigne dans une mare de sang frais.

Le cauchemar devient réalité. L'ermite de la cabane du Fou a été assassiné. Je perds complètement mes moyens. Tout s'accélère dans ma tête et la panique s'empare de moi. Je pousse un hurlement terrible, fais demi-tour et prends mes jambes à mon cou dans le tunnel. À cet instant, une silhouette surgit de l'ouverture extérieure et se jette sur moi. Elle m'immobilise, saisissant fermement mon bras, puis me tire vers elle. Hébété, je découvre un homme habillé d'une veste et d'un pantalon noir équipé d'une lampe frontale. Je reconnais le visage de François, mon ami. Désormais, nous sommes deux face au meurtrier ! François m'agrippe les épaules et crie à pleins poumons, pour couvrir mes hurlements. Dans un tourbillon de confusion, trois mots répétés en boucle me parviennent : « C'est une blague ! C'est une blague ! » Figé par la peur, j'enfouis ma tête dans l'épaule de François. Inlassablement, il me répète ces mêmes mots. Les secondes défilent, hors du temps. Petit à petit, la terreur se dissipe et je reprends mes esprits. François, qui ne me lâche pas, me convainc de retourner dans la salle. Le prétendu cadavre se relève en arborant un grand sourire. Vêtu de guenilles, couvert de sang et de poussière, Charles s'avance vers moi. Tout s'éclaircit dans ma tête.

Cette blague était prévue depuis le départ ! Peu après le début de mon expédition, François n'est pas retourné au parking mais a rejoint Charles, un ami commun, qui l'attendait caché dans la forêt. Les deux complices ont emprunté un autre chemin et se sont faufilés discrètement dans la cabane du Fou. Pendant près de deux heures, ils ont mis leur piège au point. À l'aide d'habits usagés des années 1980 et d'une bouteille de faux sang achetée dans une échoppe de farces et attrapes, ils ont mis en scène l'assassinat du prétendu ermite de la cabane du Fou. Alors que j'explorais péniblement les autres bâtiments, ils m'ont attendu patiemment, tapis dans l'ombre. J'esquisse enfin un sourire et comprends la supercherie. Voilà pourquoi François tenait tant à ce que j'explore ces dernières salles ! Malgré le soulagement, une indescriptible sensation de terreur demeure au fond de moi. Je viens de vivre la plus grande peur de ma vie.

Le chemin du retour se fait rapidement et nous rentrons tous les trois dans notre studio afin de visionner les images. Il me faudra plusieurs semaines pour réussir à regarder la vidéo sans me rappeler la terreur que j'ai éprouvée au fond de ce bunker. Fort heureusement, la blague de François et Charles ne me traumatisera pas.

UN AN PLUS TARD : RETOUR À LA CABANE DU FOU

Un an et demi après cette expérience, un soir d'été, je décide de retourner à la cabane du Fou, en compagnie de François et Julien. Depuis le tournage, je n'avais pas remis les pieds dans cette sombre pièce. Dépouillée de tous les artifices de la blague potache de François, la salle se révèle d'une triste banalité. Nous décidons de pousser notre exploration un peu plus loin et rejoignons la douve adjacente. Des restes calcinés d'un ancien foyer et des bidons rouillés criblés d'impacts de balles attirent notre attention. Un peu plus loin, une étroite ouverture est signalée par un mystérieux panneau réfléchissant. Julien s'en approche et lit à haute voix « Privé ». L'écriteau marque l'entrée d'une nouvelle salle fortifiée. Nous montons lentement l'escalier qui mène à l'étage, peu rassurés. François prend la tête du groupe et interpelle un éventuel habitant, sans réponse.

Nous découvrons avec étonnement qu'un abri élaboré a été installé dans le fort. Bidons d'eau, porte-manteau auquel pend une veste en cuir, poster ou encore paire de bottes au pied d'un lit soigneusement bordé, il ne fait aucun doute que cet endroit est habité. La cabane du Fou n'est plus un mythe, mais une réalité. Sans attendre, nous quittons les lieux et traversons le complexe pour retrouver notre véhicule. Certains riverains prétendent avoir rencontré l'ermite du Saint-Quentin, mais en fin de compte, personne ne connaît l'identité de celui qui se cache dans la cabane du Fou.

« LA CABANE DU FOU
N'EST PLUS UN MYTHE,
MAIS UNE RÉALITÉ ! »

III

LA CLINIQUE DU DIABLE

—

Perdue au sommet d'une montagne et enfouie dans une épaisse forêt de sapins, la clinique du Diable est aujourd'hui à l'abandon. En pleine nuit et au cœur de l'hiver, je me suis aventuré seul dans cet immense dédale de ruines.

LA CLINIQUE DU DIABLE

HISTOIRE

L'histoire de la clinique du Diable est à la fois fascinante et inquiétante. Ancien hôtel de luxe où se pressaient les hommes et les femmes les plus puissants d'Europe devenu champ de ruines, ce lieu au nom évocateur a tout pour glacer le sang. Sa construction remonte à la fin du XIXe siècle, à quelques pas de la frontière séparant la France de l'Empire germanique.

Après l'annexion de l'Alsace-Moselle en 1871, de nombreux gendarmes et douaniers trouvent un poste dans la région. Le tourisme s'y développe et un riche entrepreneur local décide de construire un hôtel de luxe au sommet de la montagne. La splendeur de l'édifice, le décor dans lequel il s'élève et la quiétude ambiante séduisent les plus prestigieux clients d'Europe. Raymond Poincaré, futur président de la République, de nombreux princes allemands et même l'empereur Guillaume II en personne s'abandonnent au confort de l'établissement et aux charmes de la nature. Ballotté entre les deux puissances belliqueuses lors de la Première Guerre mondiale, le somptueux édifice, martelé par des pluies d'obus incessantes, tombe en ruine.

Il renaît de ses cendres en 1926, non plus pour accueillir de riches clients, mais pour offrir un lieu de soins aux tuberculeux. L'absence de pollution, le soleil et l'air pur constituent au début du XXe siècle les principaux remèdes contre la tuberculose. L'ancien hôtel réunit ces conditions idéales et se mue en sanatorium. Il survit à la Seconde Guerre mondiale et continue d'accueillir des malades pendant des décennies. Au début des années 2010, il est transformé en centre médical, avant d'être abandonné. Depuis, le bâtiment succombe lentement sous les incessants pillages et destructions de ses visiteurs clandestins.

UN HÔPITAL ABANDONNÉ ENSEVELI DANS LA NEIGE

Une vaste forêt de sapins recouverte d'un épais manteau blanc s'étend à perte de vue sur le flanc de la montagne. Les branches des arbres ploient sous le poids de la neige, comme fatiguées de ce long hiver qui n'en finit plus. La silhouette d'un colosse de pierre solitaire se dessine au-dessus de la cime des conifères. Oublié depuis longtemps, il dort paisiblement dans ce paysage figé par le froid. La lumière blafarde de la lune se faufile entre les arbres et illumine le sol, révélant des traces de pas creusées dans la poudreuse. Chacune de mes expirations laisse s'échapper une volute de vapeur blanche, et la terrible morsure du froid me fait deviner que la température frôle les moins quinze degrés. François me suit, transportant dans l'un des sacs le matériel nécessaire à l'exploration. Le gigantesque hôpital, s'élevant au sommet de la montagne, nous fait face. Nous nous arrêtons un instant pour le contempler, balayant la façade de nos éclairages. Plongé dans le noir, ce complexe n'est plus que l'ombre de lui-même. Les vitres sont pour la plupart brisées et à travers les ouvertures béantes, les lambeaux de tapisseries, les câbles suspendus et les planches arrachées se mêlent dans le plus grand des chaos. Le temps, les pilleurs et les vandales ont précipité la décrépitude de l'ancien centre médical.

François pose son sac dans la neige et en sort notre matériel vidéo. Comme convenu, je partirai seul explorer ce dédale de ruines. Pendant ce temps, mon ami m'attendra à l'extérieur, prêt à intervenir en cas d'urgence. Je vérifie les derniers réglages de mes caméras et enfile mes gants. Mon acolyte s'est déjà affairé à creuser un petit abri dans l'épaisse couche de neige et ramasse quelques branches de bois sec pour alimenter le foyer qui lui tiendra compagnie le temps de mon escapade nocturne.

Je salue François et pénètre dans l'hôpital par une ouverture menant au sous-sol. Je progresse lentement jusqu'à l'ancien parking souterrain du complexe hospitalier, enjambant de nombreux débris sur mon chemin. Des effluves d'essence flottent dans l'air. Dans une petite pièce attenante, une immense chaudière est au repos, comme assoupie. À quelques pas de là, une cave renferme une montagne de classeurs balancés à travers la pièce. Je consulte les archives, remontant le temps au fil des documents oubliés. J'emprunte un étroit couloir et gravis un escalier en bois vétuste. Les planches grincent sous mes pas et la rambarde est bringuebalante. J'accède aux étages supérieurs d'anciennes habitations du centre médical. Les tapisseries sont vieilles, usées. Quelques restes de mobilier ont été abandonnés dans les appartements. Subitement, un dessin au sol retient mon attention. Les traits grossiers, griffonnés sur une feuille, représentent un visage terrifié. Est-ce l'œuvre d'un enfant ou celle d'un malade ? Je relève la tête et fixe le long couloir qui s'enfonce dans la pénombre. L'air glacial qui s'engouffre par les fenêtres brisées me fait tressaillir.

« EN PLEINE NUIT ET AU CŒUR DE L'HIVER, JE ME SUIS AVENTURÉ SEUL DANS LA CLINIQUE DU DIABLE. »

Je décide de redescendre et rejoins une vaste cour dans laquelle se dresse le cœur de la clinique. Construit en pierre de grès et habillé d'une fine couche de tuiles en forme d'écailles, le bâtiment témoigne du passé glorieux de l'endroit. Une fontaine asséchée, dépouillée de ses ornements, trône à la lisière de la forêt. La vision de ce monument mis à nu me met mal à l'aise. Je me retourne et une vive lumière provenant du fond de l'impasse me fait sursauter. Je redoute plus que tout de me retrouver nez à nez avec une bande de vandales. Après quelques instants de flottement, je réalise qu'il ne s'agit que du simple reflet de mon éclairage dans un morceau de verre. Je pousse un long soupir de soulagement et pénètre dans la clinique dévastée.

NOTE HISTORIQUE

La clinique du Diable doit son nom à l'étrange statue de satyre qui ornait jadis la fontaine de la cour. Le diable, omniprésent dans les contes et légendes du massif vosgien, s'était discrètement invité au cœur du centre médical. Lorsque les explorateurs ont redécouvert ce gigantesque complexe abandonné, la présence intrigante de ce monument leur a inspiré ce nom de code. Il s'agissait sans doute d'accentuer l'aspect mystique de l'ancien hôpital perché au sommet de la montagne. La sculpture s'est aujourd'hui volatilisée, probablement dérobée par des pilleurs.

LA CHAPELLE DÉVASTÉE

Ma lampe torche ne suffit pas à éclairer le haut de l'escalier qui a perdu sa rambarde. Dans la pénombre, un brancard squelettique erre vainement, tel un fantôme du passé. Les chambres défilent sous la lumière froide de mon éclairage, vides et saccagées. Par instants, des morceaux de tapisseries livrés aux caprices du vent ondulent et claquent contre les murs rose pâle, ajoutant au paysage déjà lugubre quelques bruits sinistres. J'arpente prudemment la coursive, veillant à ne pas trébucher sur les décombres jonchant le sol et à ne pas glisser sur la fine couche de glace qui s'est formée à l'intérieur de l'hôpital. J'entre dans une pièce dont l'usage passé est évident. La bibliothèque. La plupart des étagères ont été renversées et les ouvrages gisent sur le sol gelé dans le plus grand désordre. Dans cette mer de papier, je distingue de vieux écrits, en français et en allemand. Je poursuis mon exploration dans ce qui devait être le réfectoire. La salle a conservé quelques reliques de sa splendeur passée : moulures en bois sculpté, carrelage d'époque. Une ouverture menant sur un balcon m'invite à contempler le panorama exceptionnel qui s'offrait aux anciens patients de la maison. Dans la clarté de la nuit, les sommets des montagnes se dressent à l'horizon, éclairés par les astres, encerclant une lointaine vallée. J'ôte mes gants et constate sur mon téléphone que cela fait plus d'une heure que j'explore seul la clinique abandonnée. Je quitte l'aile principale de l'hôpital et m'aventure à l'extérieur pour rejoindre les annexes du complexe.

CONSEIL DE L'EXPLORATEUR

Les lieux abandonnés sont par définition hostiles, et il est indispensable de limiter les risques liés aux conditions difficiles comme le froid, l'humidité ou la poussière. Pour cette exploration, nous avons consulté les bulletins météo jusqu'au dernier moment et adapté notre matériel en conséquence. Je porte plusieurs couches de vêtements et un pantalon de ski afin de rester au sec et de ne pas finir l'aventure transi de froid.

Les livres, écrits en français et en allemand, recouvrent le sol gelé.

Je progresse avec d'infinies précautions. Par endroits, la couche de neige est si épaisse que je m'enfonce jusqu'aux hanches. Cette enveloppe blanche masque des crevasses dans le sol et m'oblige à me montrer extrêmement vigilant. Malgré le froid mordant, je transpire d'inquiétude : et si je disparaissais dans l'une d'entre elles ? Tant bien que mal, j'accède à un escalier extérieur menant au bâtiment le plus reculé du complexe. Tout en gravissant les marches, je livre à mes caméras mes impressions sur cette expérience exceptionnelle. Je déambule depuis plusieurs heures dans ce lieu lugubre, jadis si luxueux, devenu mouroir. Parfois émerveillé par l'architecture fastueuse de l'édifice, témoignage indélébile de son glorieux passé, je suis ramené à la réalité par le champ de ruines qui m'entoure. Mon exploration nocturne en solitaire au cœur de cet hôpital perdu dans la forêt et coupé de toute civilisation fait de ce tournage un moment inoubliable. Tout à coup, des bruits de pas dans la neige m'interrompent net. Je me retourne brusquement, tendant l'oreille. « Il y a quelqu'un ?! » Penché par-dessus la rambarde, je répète plusieurs fois ma question, sans obtenir de réponse.

La terreur qui m'avait saisi quelques semaines plus tôt dans la cabane du Fou m'envahit de nouveau. Paniqué, je tente fébrilement de joindre François par téléphone, mais il n'y a aucun réseau. Je fais demi-tour et dévale les marches en toute hâte, progressant péniblement dans la neige amoncelée au pied de l'aile principale de l'hôpital. « François ! François ! » Dans ma détresse, je hurle à pleins poumons pour appeler mon ami. En vain. Contournant l'angle du bâtiment, je distingue au loin les lueurs orangées du feu allumé par mon acolyte qui jettent des ombres changeantes sur la façade. Je hèle à nouveau François et il me rejoint enfin. Ébranlé par mon état de panique, il décide de m'accompagner sur les lieux. Nous visionnons au préalable l'enregistrement des caméras et vérifions les alentours. Il n'y a personne. C'était certainement un animal.

L'hôpital disposait d'une piscine pour ses patients.

François promet de m'attendre ici. Rassuré, je prends mon courage à deux mains et entre dans le bâtiment. Je traverse une première pièce carrelée qui devait autrefois abriter des douches. Dans le couloir, des dalles du faux plafond ont été arrachées et flottent en suspension, à peine retenues par un fil. Plusieurs matelas sauvagement déchiquetés gisent à terre. Le chemin débouche sur une vaste salle coiffée d'une gigantesque baie vitrée. Au centre, un grand bassin vide accueille un salon improvisé. Des fauteuils usés et un canapé délavé ont été disposés au fond de la piscine. De l'immense chape de verre qui offrait aux malades une vue imprenable sur la vallée ne subsiste qu'une ossature en métal par laquelle s'engouffre le vent glacial. Je filme soigneusement ma découverte et rebrousse chemin, à la recherche de la chapelle.

Une passerelle en bois me guide vers une annexe discrète construite à la lisière des bois. Le faisceau de ma lampe fend l'obscurité et révèle des morceaux de vitraux solitaires enchâssés dans des baguettes de plomb, derniers survivants du saccage de l'église. L'autel, dénudé, a lui aussi été profané. Je suis une nouvelle fois frappé par le déchaînement de haine et de violence dont ces lieux témoignent. Attristé à la vue de ce spectacle, je décide de quitter la ruine et de rejoindre la forêt.

REDRUM

Je retourne à la passerelle en bois qui relie le cœur de l'hôpital à un modeste manoir perdu dans la forêt. Le passage, recouvert d'une charpente triangulaire, mène à un escalier en béton en haut duquel une porte est entrouverte. Une curieuse inscription a été gravée dessus : « Entrez ici et abandonnez tout espoir. » Un frisson d'effroi me parcourt l'échine à la lecture du message. Soudain, un cri strident déchire le silence, me faisant sursauter et m'arrachant un hurlement. Au pied des escaliers, je reprends mon souffle et mes esprits. Je me raisonne. Ce n'est très probablement qu'un animal. Je jure dans ma barbe, vexé d'avoir paniqué si facilement, et m'enfonce dans les bois.

Le sentier enneigé est bordé de sapins imposants dont les branches courbées entravent mon ascension. Je lève les yeux et aperçois enfin le manoir. Sinistre, il semble tout droit sorti d'un film d'horreur. Sa façade austère ne comporte aucune fenêtre de ce côté. Seule une porte, grande ouverte, m'invite à entrer. La peinture des boiseries est écaillée, le sol, poussiéreux, et l'escalier menant à l'étage, couvert de neige. Le rez-de-chaussée compte de nombreuses pièces : autant d'endroits d'où le danger peut surgir à n'importe quel moment. Vandale, pilleur ou encore bête sauvage, je ne suis à l'abri de rien. Les sens exacerbés, tel un chasseur aux aguets, je poursuis ma progression. Au centre du salon, une carcasse de chaise trône sur un vieux pèse-personne. Cette mise en scène sordide m'évoque les chaises électriques utilisées pour exécuter les condamnés. Je quitte ce tableau inquiétant et accède au premier étage.

Dans le couloir exigu, je passe devant la salle de bains sans relever l'inscription sinistre sur le mur carrelé : « REDRUM ». Il s'agit de l'anagramme de *murder* : meurtre en anglais. Heureusement, je ne l'apprendrai qu'à mon retour. Dans la chambre adjacente, une vieille fenêtre en bois est grande ouverte. La tapisserie sur les murs est gondolée. Une inscription a été griffée dans l'étoffe : « Ton tour viendra. » En m'approchant, je constate que l'encre rouge sombre dégouline le long du mur. L'angoisse, le froid et la poussière me donnent la sensation désagréable d'étouffer. L'ambiance est pesante, l'air lourd. Je chancelle lentement jusqu'à l'escalier menant au grenier. Soudain, un bruit de verre brisé retentit dans la maison. Cette fois-ci, l'éclat est clair et reconnaissable. J'en suis certain : je ne suis plus seul. « Il y a quelqu'un ?! » Ma voix, que je veux forte, tremblote dans ces lieux déserts. Le cœur battant et à deux doigts de la panique, je dévale l'escalier avec une seule idée en tête : quitter ce maudit manoir ! François n'est plus là. Je n'ai pas le choix : il me faut retourner seul dans les entrailles de l'hôpital. Il n'y a pas d'autre moyen de s'échapper de cet endroit maléfique. Je me lance dans une course haletante à travers les bâtiments abandonnés, manquant de me perdre à plusieurs reprises. Rebroussant chevmin dans le dédale des couloirs interminables, je me précipite dans les escaliers glissants. Aux aguets, je me retourne sans cesse pour m'assurer que personne ne me suit. Enfin, je m'extirpe de ce labyrinthe et fuis littéralement à travers la neige. Le froid est glacial, mes poumons me brûlent et mon cœur s'emballe. Qui pouvait bien rôder autour de ce manoir ?

Infiniment soulagé, je retrouve la route. L'exploration est terminée ! Je conclus ma vidéo à la hâte et me promets de ne plus jamais visiter de lieu abandonné seul. François me rejoint quelques minutes plus tard, persuadé que c'est moi qui ai provoqué le bris de verre.

REDRUM

« LIVRÉE AUX QUATRE VENTS ET À LA MERCI DES VANDALES, LA CLINIQUE DU DIABLE TOMBE EN RUINE. »

IV

LE CHÂTEAU DU GANGSTER

Au cœur du bocage normand, un château édifié à la fin du XVIIIe siècle a été le théâtre, voilà une vingtaine d'années, d'une sombre histoire de truands. C'est lors de l'exploration de cette bâtisse abandonnée que François et moi avons fait la rencontre d'un personnage haut en couleur : Richard, l'énigmatique « papy gardien » du lieu que nous avons baptisé le château du Gangster.

LE CHÂTEAU DU GANGSTER

HISTOIRE

L'histoire rocambolesque du château du Gangster n'a rien à envier aux plus grands scénarii de cinéma. Le domaine défraie la chronique dans les années 1990. L'édifice est alors la propriété d'un sulfureux personnage : John Palmer. Ce richissime homme d'affaires est surnommé « Goldfinger » car il est soupçonné d'avoir fondu les lingots d'or issus du casse du 26 novembre 1983 à Heathrow, en Angleterre : le casse du siècle. Du trafic de drogue à la vente d'armes en passant par les arnaques au « time share », le baron du crime organisé est alors l'une des plus grandes fortunes de Grande-Bretagne.

Il jette son dévolu sur la luxueuse résidence, qu'il acquiert pour une bouchée de pain et transforme en un haut lieu de réjouissances pour une clientèle fortunée. Golf à dix-huit trous, parc de bungalows, piscine et mobilier fastueux... la propriété s'étend sur 50 hectares dans le bocage normand.

Mais à l'aube du XXIe siècle, la justice française s'intéresse de près au domaine et à ses propriétaires. Le château du Gangster est suspecté d'être au cœur d'un tentaculaire mécanisme de blanchiment d'argent. S'engage alors une bataille judiciaire entre l'État français et les propriétaires. L'affaire tourne au fiasco et la justice, qui avait initialement confisqué le bien, se voit contrainte de le restituer. Entre-temps, l'édifice, laissé à l'abandon, est devenu le terrain de jeu d'explorateurs en quête de sensations fortes. Un mystère ténébreux entoure encore aujourd'hui les lieux. John Palmer, assassiné le 24 juin 2015 dans sa résidence anglaise, a probablement emporté dans sa tombe les secrets du château du Gangster.

RENCONTRE INATTENDUE AU CHÂTEAU DU GANGSTER

« Dégage d'ici ! Dégage d'ici ! » Un homme trapu, un maillet dans une main ensanglantée, surgit devant moi en brandissant son arme d'un air menaçant. « J'en ai marre des cons comme vous qui viennent tout casser ! » Le vieil homme, visiblement énervé, insiste. « Allez, dégage ! Dépêche-toi ! » Avec sang-froid, François et moi tentons de raisonner l'inconnu : nous ne sommes que de simples passionnés d'histoire venus tourner un reportage dans le château abandonné. En vain. « Je m'en fous, c'est une propriété privée. Vous n'avez rien à faire ici ! Dégagez ! » Le gaillard s'avance vers nous d'un pas décidé en vociférant, son marteau s'agitant de plus belle. « Dégagez ou ça va mal se passer ! » Il monte les marches menant à la bâtisse, jette au sol les plaques de taule qu'il portait sur l'épaule et se tient à présent face à nous, prêt à en découdre. Mais qui peut bien être ce petit monsieur qui veut à tout prix nous chasser du château du Gangster ?

SUR LES TRACES DE PAPY GARDIEN

Le vieil homme verse le café dans les tasses posées sur la table d'une modeste cuisine. « Un peu de sucre gamin ? » D'un geste amical, mon hôte m'invite à m'asseoir à côté de lui. Je balaye la pièce du regard : c'est un inextricable fouillis qui déborde d'objets hétéroclites. Au pied de l'évier, une carcasse de volaille gît à l'air libre dans un seau en plastique. À côté d'un vieux fourneau que j'imagine centenaire, une machine à café neuve fume encore. Après avoir avalé une lampée de la boisson brûlante, Richard me dit avec un sourire malicieux : « Alors mon enfant, tu n'es pas venu te faire engueuler aujourd'hui ? » Nous nous remémorons avec amusement le jour de notre rencontre. C'était il y a quatre mois, dans un vieux château abandonné en plein bocage normand. Quels rebondissements inattendus ! Le bougre qui me menaçait alors m'accueille aujourd'hui chez lui, dans sa ferme reculée. Il a accepté de me dévoiler les secrets de sa collection.

L'incroyable épopée qui nous a menés sur les traces de Richard, l'énigmatique défenseur du château du Gangster, débute le 17 février 2017. François et moi venons de traverser la France pour rejoindre un petit village normand. Après nous être garés à côté du cimetière, nous marchons le long d'une route de campagne déserte, puis nous nous faufilons furtivement dans l'immense domaine qui abrite le fameux château du Gangster. À l'approche du crépuscule, nous progressons entre les bungalows abandonnés qui entourent la propriété. Recouverts par la végétation, les portes grandes ouvertes, ils donnent l'impression que le temps s'est arrêté en cet endroit. Crottes de chien, herbes écrasées, seuls ces maigres indices trahissent le passage récent d'autres personnes.

« BUNGALOWS, PISCINE ET GOLF À DIX-HUIT TROUS, LE DOMAINE DU CHÂTEAU S'ÉTEND SUR PLUS DE 50 HECTARES. »

Nous sommes sur nos gardes. Nous parvenons néanmoins à pénétrer dans la ruine du château. À l'intérieur, des fresques en mosaïque représentant les armoiries du domaine témoignent de la splendeur d'antan. L'aventure se termine prématurément après une heure et demie d'exploration, avec la rencontre musclée du papy au marteau, qui nous chasse et nous somme de ne jamais revenir.

Quatre jours plus tard, nous publions le reportage de notre mésaventure avec cet étrange gardien. L'altercation, filmée, suscite la curiosité des spectateurs, qui s'affairent à retrouver les traces de celui qu'ils surnomment « papy gardien ».

Rapidement, un abonné de notre chaîne YouTube nous envoie un e-mail. Il a reconnu l'homme ! Il joint à son message un lien vers un ancien reportage de France 3 Orne. Le sujet présente un dénommé Richard, passionné de la Seconde Guerre mondiale, qui possède une collection exceptionnelle de véhicules militaires entreposés dans son jardin. Je reconnais instantanément le visage et la carrure de l'individu qui nous a menacés. Assis au fond du canapé de mon studio vidéo, je me lève et m'écrie : « C'est lui ! On l'a retrouvé ! » François, qui était plongé dans un montage, retire brusquement son casque et me regarde d'un air incrédule. Nous visionnons à nouveau le documentaire. Il n'y a pas de doute, c'est bien lui ! Emportés par notre enthousiasme, nous sortons les caméras du placard et enregistrons sur-le-champ une vidéo intitulée « On a retrouvé le gardien du château du Gangster ». À peine sorti sur YouTube, ce débrief prend des proportions inattendues. Dans la foulée, un dénommé Romain me contacte. Il connaît personnellement Richard, le papy gardien, et propose d'organiser une rencontre. Il m'assure également que l'homme n'est pas fou, mais exaspéré par les vandales qui mettent à sac le manoir. S'enchaînent alors quatre mois d'échanges téléphoniques avec Romain à l'issue desquels le rendez-vous est fixé.

CONSEIL DE L'EXPLORATEUR

Lorsque vous visitez des lieux abandonnés, il n'est pas rare de faire des rencontres inattendues. Qu'il s'agisse de vandales, squatteurs, gardiens ou autres explorateurs, vous ne savez jamais sur qui vous pouvez tomber. Quelle que soit la situation, gardez toujours votre calme. Ne soyez jamais agressif et expliquez votre démarche. Si l'inconnu se montre menaçant, indiquez que vous ne cherchez pas d'ennuis et quittez les lieux.

UN CHAR D'ASSAUT DANS LA GRANGE

Le 3 juin 2017, c'est le jour J ! Enfin, je vais pouvoir rencontrer Richard, le papy gardien ! François et moi prenons une nouvelle fois la route en direction de la Normandie. Nous nous sommes donné rendez-vous sur le parking d'une grande surface à la sortie d'un petit village de campagne. Après quelques minutes d'attente, une voiture arrive et le vieil homme trapu apparaît. Richard s'avance vers moi, le sourire aux lèvres, et me serre vigoureusement la main. Il nous invite à le suivre jusqu'à sa ferme non loin de là.

Quand nous sommes installés tous les trois autour de la table de la cuisine, Richard prend le temps de revenir sur notre altercation et sa réaction impulsive. « Quand on connaît pas les gens, on peut pas savoir. » Cela fait cinq ans qu'il tente, comme il peut, de sauver le château de la ruine. Le bâtiment, à l'abandon depuis de nombreuses années, subit des dégradations incessantes. Des casseurs viennent y déchaîner leur haine par simple plaisir de détruire. Inlassablement, Richard répare la clôture du domaine, cadenasse la grille et colmate les fuites du toit. Malgré tous ses efforts, il assiste, impuissant, à la chute de ce monument qu'il a connu resplendissant. Devenu au fil du temps et des événements le gardien officieux des lieux, il est régulièrement menacé et agressé par les vandales. Un jour, on lui aurait même tiré dessus ! « J'ai entendu une balle qui m'a sifflé aux oreilles », témoigne-t-il. Touché par son récit, je ressens de la compassion à l'égard de ce bonhomme qui fait tout pour honorer le souvenir d'un bâtiment qu'il aime tant.

Richard se lève et m'invite à le suivre. Il mène la marche, en direction d'un vaste hangar, l'un des nombreux bâtiments qui composent sa ferme. Un crucifix suspendu au bout d'un immense collier rebondit contre le ventre rond de mon guide. Papy gardien semble tout droit sorti d'un autre temps. Son polo bleu taché a perdu sa couleur d'origine et son pantalon brun est parsemé de trous. Le costume est complété d'une casquette militaire vissée sur un crâne dégarni. L'homme cache pourtant bien son jeu : il avance vigoureusement et je dois presser le pas afin de ne pas me faire distancer.

Dans la grange de Richard, les vélos sont garés à côté d'un char de combat Chieftain.

Un char Patton a été garé dans le jardin. En excellent état, il est même muni de son énorme canon. L'étoile blanche de l'armée américaine se devine encore dans la peinture écaillée de la tourelle. À proximité, d'autres véhicules militaires ont été entreposés. Un tank suisse vêtu de son filet de camouflage trône aux côtés d'un véhicule amphibie colossal. Long de plus de 10 mètres, blindé d'une épaisse carapace de métal, l'imposant engin se dresse face à moi. Ses roues font littéralement la taille de Richard. Le monstre d'acier, un Bac Gillois, pouvait traverser des fleuves. À chaque nouvelle découverte, je m'interroge. Comment le collectionneur a-t-il pu acheminer de telles machines jusque dans sa ferme ?

Sur le chemin menant à un appentis, le linge sèche au soleil. À côté de l'étendoir, un Chieftain, char de combat qui date de la guerre du Golfe, sert de support à des vélos appuyés au blindé. La machine ade guerre est envahie par le lierre grimpant. Son canon, long de plus de 6 mètres, porte toujours son camouflage d'origine. Ici, objets de la vie quotidienne et armes de guerre cohabitent dans une singulière harmonie. Non content d'assurer le spectacle, papy gardien nous réserve d'autres surprises. Muni de son trousseau de clés, il nous ouvre les portes du hangar. C'est ici qu'il cache les plus belles pièces de sa collection. À l'intérieur du bâtiment rudimentaire, un Flak, une batterie antiaérienne de l'armée allemande, nous accueille. « Celui-là, il a fait la guerre ! », s'exclame Richard. Derrière une nouvelle rangée de blindés se trouve un engin plus discret. Ce véhicule de transport de troupes, qui a participé au débarquement en Normandie, a une histoire singulière. Ses trois occupants sont morts à l'intérieur après avoir roulé sur une mine. La carrosserie tordue témoigne de ce tragique destin. Le véhicule, découvert après la Libération, abritait encore les cadavres des trois soldats. Richard a même conservé le calot ensanglanté de l'une des victimes.

74
52

FLAMING FANNY
M4

Plus nous avançons dans le hangar, plus il fait sombre. Dans la pénombre, le joyau de la collection de Richard nous attend. Un M4 highspeed, relique du débarquement de Normandie, comme neuf, qui dispose encore de tout l'arsenal dont il était équipé : extincteur, hache, radio, boîte à pharmacie. Ce véhicule d'une valeur inestimable fait la fierté de Richard ! Au fond du hangar, je distingue un étage auquel on accède par une échelle. Le collectionneur m'interpelle et m'invite à aller y jeter un coup d'œil. Intrigué, je grimpe et découvre, ébahi, un monumental amas de caisses. C'est incroyable ! Plus de 14 000 trousses de secours militaires sont entreposées ici. Elles débordent de toute part, empilées du sol au plafond dans un équilibre précaire. Ce tableau est à l'image du reste de la collection : démesuré. Pour quelle raison ce petit bonhomme a-t-il amassé une quantité aussi folle de kits de soin ? Peut-être aucune, si ce n'est de vivre pleinement sa passion pour l'Histoire. De retour à l'extérieur, Richard me livre quelques anecdotes invraisemblables. Rencontre d'un président de la République, affaires de gangsters, visite de châteaux abandonnés, découverte de véhicules de guerre à l'autre bout du monde… cet homme aux multiples vies partage ses souvenirs, tous plus rocambolesques les uns que les autres. À chaque nouveau récit, ses yeux bleus pétillent et son regard espiègle rayonne. Ce personnage farfelu rencontré au détour d'une exploration se révèle fascinant. Papy gardien n'est pas un fou, mais un grand rêveur, passionné, débordant d'énergie et d'enthousiasme. Il me confie même son rêve : ouvrir un musée pour présenter sa collection unique au public. La collection d'une vie !

VISITE DU FUTUR MUSÉE DE RICHARD

Une chose est sûre, ce petit homme aime la démesure. Il a récemment acheté une usine désaffectée de plus de 10 000 mètres carrés qu'il s'affaire à rénover pour en faire un musée. Après un court trajet en voiture, Richard nous ouvre les portes de sa caverne d'Ali Baba. Une nouvelle fois, je suis frappé par sa folie des grandeurs. Des centaines de mannequins se succèdent, figés dans des dizaines de scènes représentant l'exode normand en 1940. Deux immenses tentes médicales recèlent des brancards, des lits et du matériel ayant servi pendant le débarquement. Des pianos décorés de croix gammées se mêlent aux vieux meubles normands entreposés çà et là. Au milieu du gigantesque espace, d'innombrables véhicules de guerre ont déjà été disposés. Je me permets une question indiscrète. Comment tous ces véhicules, pesant pour certains plus de 100 tonnes, se sont-ils retrouvés ici ? Richard me fixe du regard et me répond, comme une évidence, qu'il les a discrètement conduits là depuis sa ferme. Au sourire facétieux qui se dessine sur son visage je comprends que le vieil homme a rusé. Je l'imagine alors, au crépuscule, à l'abri des regards indiscrets, au volant de chars d'assaut et de véhicules de guerre sur les routes pittoresques de la campagne normande.

La rénovation de l'entrepôt est une tâche titanesque. Pourtant, Richard, aidé de sa fille et de son ami Romain, s'y attelle sans relâche. Aménagement du musée, transport des véhicules, peinture, forge, réparation, maçonnerie, il est sur tous les fronts. Nous nous installons dans un canapé posé dans un coin du vaste hangar. Je lui confie le surnom que les spectateurs lui ont donné : papy gardien. « Papy gardien des châteaux de France ! », complète Richard, enthousiaste. En prenant congé, je lui promets de revenir et de l'aider à faire connaître son musée. Richard saisit alors un marteau et le brandit dans ma direction. J'éclate de rire avant de le saluer chaleureusement. À peine suis-je parti qu'il disparaît déjà au fond de l'usine, pressé de reprendre ses travaux.

PROLONGER
L'AVENTURE

À la suite de cette rencontre, François, Julien et moi nous sommes liés d'amitié avec Richard et Romain. Papy gardien est devenu la coqueluche des internautes. Il n'est pas rare que certains curieux viennent lui rendre visite dans sa ferme ou son entrepôt. À l'heure où nous écrivons ces lignes, le musée est sur le point d'ouvrir. L'homme aux multiples vies s'apprête à concrétiser son rêve le plus fou ! Si vous souhaitez découvrir sa collection, rendez-vous au musée de l'Exode à Condé-sur-Noireau, dans le Calvados.

V

LE CUIRASSÉ DES NUAGES

–

Perché au sommet des Alpes, à plus de 3 130 mètres d'altitude, le cuirassé des Nuages est un des forts les plus hauts d'Europe. Aujourd'hui abandonné, il a été au cœur d'une épopée militaire exceptionnelle. Au terme d'une expédition en haute montagne, nous y avons passé une nuit.

LE FORT DES NUAGES

HISTOIRE

À la fin du XIXe siècle, le jeu des alliances crispe l'Europe, qui assiste aux prémices d'un conflit global. L'Italie rejoint la Triplice aux côtés des empires allemand et austro-hongrois afin d'isoler la France et entreprend d'importants travaux de fortification. Le mont Chaberton, un sommet des Alpes à la frontière franco-italienne, va être le théâtre d'une bataille historique.

Dès juin 1891, les militaires italiens se lancent dans une entreprise démesurée : édifier une batterie cuirassée à plus de 3 100 mètres d'altitude. Pendant près de vingt ans, ouvriers, ingénieurs et soldats se succèdent afin de bâtir le fort le plus haut d'Europe. Les Italiens dynamitent le sommet de la montagne afin de l'araser. Pas moins de trois cents ouvriers sont à l'œuvre sur ce chantier titanesque. Les travaux s'achèvent en 1910. Les fortifications et les huit tours maçonnées coiffées de leurs puissants canons dominent la vallée. Les pièces d'artillerie braquées sur la ville de Briançon constituent une menace directe pour la France. Le « cuirassé des Nuages » fait la fierté du génie italien, qui s'enorgueillit d'avoir érigé le fort le plus haut du monde ! En 1914, l'engrenage des alliances et les tensions politiques exacerbées aboutissent au premier conflit mondial, l'un des pires de l'Histoire.

L'Italie, qui déclare d'abord sa neutralité, entre en guerre le 23 mai 1915. Après d'âpres négociations, le pays se range aux côtés de la France, du Royaume-Uni et de la Russie. L'ouvrage du Chaberton, dont les pièces d'artillerie sont démantelées, demeure ainsi au repos.

À l'aube de la Seconde Guerre mondiale, le dictateur fasciste Mussolini est au pouvoir en Italie. Rêvant de grandeur et d'empire colonial, le Duce s'allie à Adolf Hitler. Benito Mussolini fanfaronne et déclare la guerre à la France le 10 juin 1940. Le fort des Nuages est ainsi réarmé. Alors que, au nord, les armées françaises sont écrasées par la machine de guerre du IIIe Reich, l'Italie lance le 20 juin une vaste offensive dans les Alpes. Perchés à 3 130 mètres d'altitude, les canons du Chaberton pilonnent déjà depuis quelques jours les lignes de défense françaises. Jugé inexpugnable, l'ouvrage, situé à plus de 1 000 mètres au-dessus des positions ennemies, semble hors d'atteinte de l'artillerie. C'est sans compter sur le talent du génie français, qui œuvre depuis plusieurs années dans l'ombre pour défaire le cuirassé des Nuages. Dans le plus grand secret, les militaires installent hors de vue des Italiens deux énormes obusiers et conçoivent de nouvelles tables de tir permettant d'atteindre une cible à très haute altitude. Jamais l'artillerie n'avait eu un objectif si haut placé ! Le 21 juin au matin, le lieutenant Miguet reçoit l'ordre d'ouvrir le feu sur le Chaberton. Les deux mortiers de 280 millimètres, cachés sous des tôles de camouflage, répondent à l'agression italienne. Le tonnerre des canons résonne dans la vallée. Les obus percutés par la batterie s'envolent à 5 000 mètres d'altitude avant de s'écraser de plein fouet sur le fort du Chaberton ! Le lieutenant Miguet exulte : tous les calculs étaient bons, c'est un miracle ! Successivement, six des huit tours du fort italien sont endommagées ou détruites. Le soir même, après seulement 57 tirs des obusiers français, le cuirassé des Nuages est muselé et mis hors d'état de combattre. L'agonie du Chaberton, ce colosse qui semblait invincible, constitue une brillante victoire dans la grande débâcle de juin 1940.

Deux ans après la fin de la guerre, le général de Gaulle, à la tête de la France, fait du Chaberton un symbole. Lors du traité de Paris, il exige que la frontière franco-italienne soit déplacée de quelques centaines de mètres. Le mont Chaberton et les ruines du cuirassé des Nuages sont ainsi annexées par la France. Abandonné, le fort est aujourd'hui un lieu de mémoire, et il offre aux randonneurs qui s'y aventurent un panorama exceptionnel.

EXPÉDITION EN HAUTE MONTAGNE

La vallée baigne dans la lumière dorée de cette fin d'après-midi. Un souffle doux fait bruisser l'herbe grasse de la plaine et les nuages sombres d'un récent orage filent au loin, léchant le sommet ciselé des Alpes. Une marmotte s'aventure en dehors de son terrier et traverse le lit asséché d'une rivière. Le sentier, bordé de sapins, serpente entre les rochers, remontant le cours d'eau. Je lève la tête et observe la montagne colossale que François, Julien et moi nous apprêtons à gravir. L'important massif rocailleux domine le plateau. Sur son sommet rasé, huit minuscules cylindres se dessinent. Le cuirassé des Nuages veille toujours sur le monde depuis son trône à plus de 3 100 mètres d'altitude. Nous nous arrêtons un instant pour observer notre objectif. L'expédition qui nous attend est encore longue et le soleil commence déjà à décliner.

Nous nous apprêtons à gravir la montagne avec près de 20 kilos sur le dos !

Après une heure de marche, nous atteignons la gare d'un télésiège au repos. Installée au fond de la vallée, elle indique le pied du col. À notre droite, un chemin s'élève de façon vertigineuse à travers un ravin creusé dans le flanc de la montagne. C'est le seul moyen de rejoindre le fort solitaire perché en altitude. Je pars en tête et entame l'ascension. Mes pas sont lourds et les lanières de mon sac à dos me lacèrent les épaules. En plus de ma caméra, je transporte tout le matériel pour survivre une nuit complète au cœur des fortifications. Tente, sac de couchage polaire, eau, nourriture et habits de rechange, mon paquetage pèse près de 20 kilos.

À présent, la pente est si raide que la marche se mue en escalade. La respiration haletante, notre trio progresse tant bien que mal à travers l'amas de roches. De grosses gouttes de sueur ruissellent le long de nos visages rougis par l'effort. Les petites pierres du sentier roulent sous mes pas, manquant à plusieurs reprises de me faire trébucher. Dans le ciel, le soleil s'approche inlassablement de la ligne d'horizon et la douce brise estivale commence à refroidir. Le temps nous est compté. Arrivé à une épingle, je m'arrête afin de m'hydrater et de manger un morceau. François me rejoint, les traits livides. Il est pris de crampes et de nausées. Souffre-t-il du mal aigu des montagnes ? Son état me préoccupe, je ne l'ai jamais vu ainsi. Nous échangeons un regard inquiet avec Julien et lui conseillons de bien s'hydrater.

Nous franchissons
le névé avec prudence.

À l'ombre de la montagne, une langue de glace se dessine. Le névé nous barre la route. Mes compères et moi entamons sa traversée avec une prudence extrême. L'amas de neige peut cacher des crevasses. L'obstacle franchi, nous reprenons notre ascension. Au bout d'un effort intense, nous passons enfin le col du Chaberton. L'euphorie du départ a laissé place au silence. L'altitude, l'inclinaison de la pente et l'effort ont éprouvé nos organismes. Le paysage qui nous entoure s'est métamorphosé : le froid et l'austérité des sommets contrastent avec la chaleur et la douceur de la vallée.

Au-delà du col, les pics des montagnes s'étendent à perte de vue et se fondent dans un ciel bleu profond. Les dernières lueurs du soleil esquissent des traînées rouges dans le ciel, tandis que les premières étoiles commencent à illuminer la voûte céleste. Devant nous se profile l'imposant mont Chaberton. Le monstre de roche sombre, épreuve ultime de notre expédition, nous attend. Un chemin serpente sur le flanc de la montagne, jusqu'à son sommet. Le vent frais fait chuter la température ambiante et nous contraint à enfiler une couche de vêtements supplémentaire.

CONSEIL DE L'EXPLORATEUR

Pour toute exploration, il est important de connaître la topographie des lieux. Dans le cadre de cette expédition, nous avons étudié en détails les sentiers menant au sommet du Chaberton. Nous avons téléchargé les cartes détaillées de la zone sur nos Smartphones (application Maps.me) afin de pouvoir les consulter en toutes conditions. De plus, nous avons noté des repères visuels (la rivière, le télésiège, la position de la montagne par rapport à la rivière) afin de mieux nous situer pendant la marche. Le temps passé à étudier l'itinéraire en amont est autant de temps gagné pendant l'exploration.

LE CUIRASSÉ DES NUAGES

Voilà déjà quatre heures que nous gravissons la montagne. Nous n'avons croisé le chemin d'aucun autre randonneur depuis le début de notre expédition. À mesure que nous progressons dans ce paysage désolé, les premières traces de fortifications se dévoilent. Des barbelés rouillés bloquent encore certaines parties de la route, et des bunkers, enfouis dans la roche, parsèment le massif. Le temps défile et la nuit nous engloutit. Le paysage qui nous entoure est si sombre que nous avons l'impression de gravir le flanc d'un volcan. Ce décor surréaliste nous rappelle le Mordor de Tolkien. Dans cet environnement stérile, les maigres faisceaux de nos lampes frontales percent les ténèbres grandissantes et balaient le tracé de pierre. Alors que Julien et moi grimpons péniblement la pente, François est à la traîne. Depuis le départ, il est pris de violents maux de ventre et de crampes. Je me demande avec inquiétude s'il parviendra au sommet. Notre ami nous rejoint finalement après quelques minutes. Il n'est plus que l'ombre de lui-même. Livide, les traits marqués, François est voûté, comme accablé par le fardeau qu'il porte sur le dos. Ses pas sont fébriles. Il hésite même à s'arrêter là ! Pas question ! À cette altitude et dans ces conditions, c'est une très mauvaise idée. Nous ne devons absolument pas nous séparer. Je rassure mon acolyte et l'encourage à poursuivre : « Plus que 300 mètres de dénivelé ! T'as déjà fait le plus dur, tu vas y arriver ! » François puise dans ses dernières forces pour reprendre la marche.

L'altimètre de mon téléphone m'indique que nous avons dépassé les 2 800 mètres d'altitude. Dans l'obscurité totale, nous cheminons le long des lacets pour atteindre enfin la cime du Chaberton. Hourrah ! Nous y voilà ! Les huit tours monumentales parfaitement alignées sur le sommet aplani de la montagne nous accueillent. Privées de leurs cloches et de leurs canons d'origine, elles portent les stigmates des âpres combats de juin 1940. Éventrées, parfois même sur le point de s'effondrer, elles constituent pour nous un rempart salutaire face au vent. Au pied de la plus solide d'entre elles, François et Julien déploient deux tentes. De mon côté, je me presse d'enlever mes vêtements trempés de sueur pour passer des habits secs et chauds. Il gèle ici, la température a plongé en dessous de zéro degré.

Tremblotant, j'empile quelques épais blocs qui feront office de cuisine. J'allume le réchaud et vide une brique de soupe dans la gamelle que je pose sur le feu. Le fumet de légumes qui embaume l'atmosphère et le minuscule foyer de chaleur prennent à cette altitude des allures de festin. Voilà de quoi raviver la motivation du groupe ! Après avoir avalé un gobelet du bouillon, François s'effondre sous sa tente, épuisé. Pas de temps à perdre, Julien et moi dévalons un monticule de pierre et partons explorer les entrailles du cuirassé des Nuages. L'excitation a complètement chassé la fatigue, nous avons hâte de découvrir les secrets que recèle le fort !

Plongé dans la nuit, le paysage qui nous entoure nous rappelle le Mordor.

NOTE HISTORIQUE

La construction du fort du Chaberton, à la fin du XIXe siècle, est une prouesse exceptionnelle. Pour éviter que les canons ne se retrouvent ensevelis par la neige, les ingénieurs érigèrent huit tours de maçonnerie de 12 mètres de haut. Cette hauteur correspondait au plus grand cumul de neige enregistré à cette altitude à l'époque. Ainsi, quel que soit le temps, les canons du cuirassé des Nuages pouvaient tonner.

EXPLORATION DU FORT DE GUERRE

Le fort soutenant les huit tours s'étend à flanc de montagne. Il est parcouru par une longue galerie voûtée sur plus de 100 mètres. À l'abri du soleil, la neige accumulée s'est figée en une épaisse couche de glace. Par endroits, la congère obstrue pratiquement le passage. C'est par ces couloirs que les soldats accédaient à leurs postes de combat et transportaient les obus jusqu'aux canons. Bien emmitouflés et équipés de nos lampes torches, nous parcourons prudemment la coursive. L'édifice, fragilisé par le pilonnage de l'artillerie française, n'est pas sans danger : effondrement, trous dans le vide et pieux de métal rouillés cachés sous la neige, cette exploration n'est pas à prendre à la légère.

Sur notre droite, les ouvertures menant aux tours laissent entrevoir les entrailles de la machine de guerre. Ne subsiste plus que la structure métallique des anciens escaliers en colimaçon qui menaient aux postes de tir. À proximité de là, un monte-charge rouillé nous révèle comment les militaires italiens approvisionnaient les canons en munitions. Arcboutés, parfois même accroupis sur l'immense langue de glace éternelle, nous cheminons avec lenteur dans la fortification.

Une nouvelle salle suscite notre curiosité. Lambrissée de planches en bois et couverte d'une peinture bleue craquelée, elle cache une relique du passé : « *Quando tuona il cannone è la voce della patria che chiama.* » (« Quand le canon tonne, la voix de la patrie appelle. ») Cette maxime d'un autre temps, inscrite sur le linteau d'une porte, nous rappelle l'atmosphère belliqueuse qui régnait en Europe au début du siècle dernier.

De retour dans la galerie enneigée, nous tombons sur une autre porte, mais stoppons net notre avancée, car celle-ci est en suspension dans le vide. Nos lampes torches qui balaient l'extérieur dévoilent un ravin vertigineux qui paraît sans fond. Je m'écarte rapidement du bord et préfère raser le mur pour quitter la galerie. Sur le chemin du retour, je m'arrête un instant pour examiner un bâtiment construit à flanc de falaise. Complètement ravagée par les bombardements, la ruine du télésiège plonge dans un abîme. Cet ouvrage extraordinaire assurait à l'époque le ravitaillement du fort du Chaberton.

Nous rentrons au campement, au pied des tours. Il est déjà près de 2 heures du matin et François dort à poings fermés. Avant de plonger dans nos duvets, je propose à Julien d'admirer le spectacle qui s'offre à nous. Depuis le cuirassé des Nuages, nous surplombons la vallée, noyée dans un océan de brume. Par endroits, des taches orangées trahissent l'emplacement de villages. La voûte céleste s'est illuminée de mille feux et la Voie lactée se dessine au-dessus de nos têtes. Ici, loin de toute pollution lumineuse, les étoiles brillent par milliers. Bercés par ce tableau et exaltés par l'aventure que nous venons de vivre, nous fermons l'œil pour grappiller quelques précieuses heures de sommeil. Avant de m'endormir, une dernière pensée me traverse l'esprit. Est-ce prudent d'avoir installé nos tentes au pied d'une tour ? Et si un bloc de pierre s'en détachait pendant la nuit ? Je décide d'ignorer cette funeste pensée et sombre dans un sommeil agité.

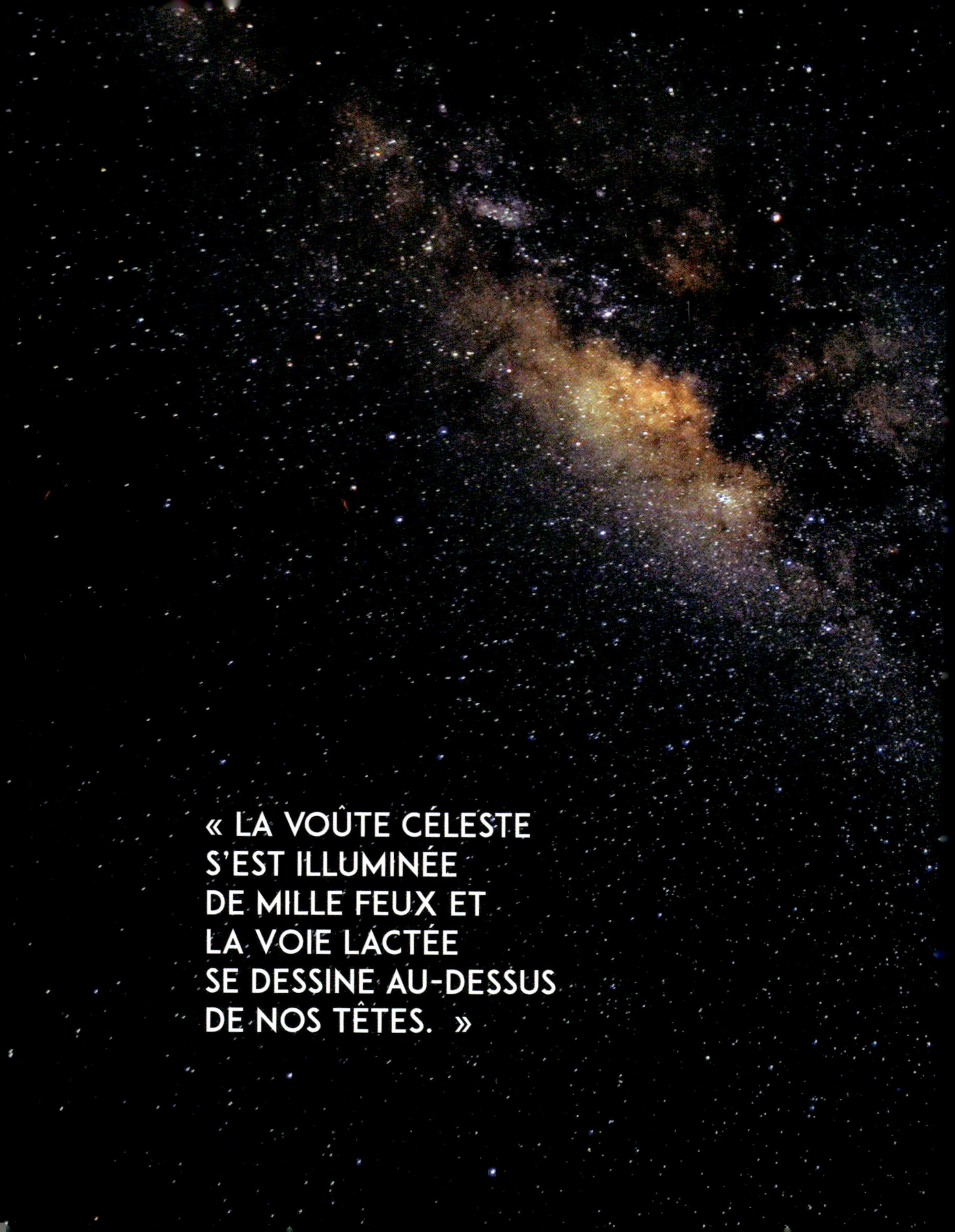

« LA VOÛTE CÉLESTE
S'EST ILLUMINÉE
DE MILLE FEUX ET
LA VOIE LACTÉE
SE DESSINE AU-DESSUS
DE NOS TÊTES. »

RÉVEIL AU SOMMET DES ALPES

J'ouvre les yeux et émerge lentement d'un repos trop bref. Le silence est régulièrement rompu par les ronflements peu discrets de mes compagnons d'aventure. Je m'extirpe silencieusement de mon sac de couchage. Il est 5 h 30, le soleil est sur le point de se lever. Je me précipite hors de ma tente et gravis le talus pour profiter de la scène. Il fait encore très froid, et à cette altitude, il gèle même en plein été. Les innombrables sommets alpins s'étendent à perte de vue, enveloppés d'une brume volatile et inondés par la lumière rougeoyante de l'aube. Le Chaberton et son fort rayonnent ! À la lumière du jour, le cuirassé des Nuages révèle ses ultimes secrets. Je m'aventure une dernière fois dans les galeries. Devant la porte ouverte sur le vide, je recule prudemment d'un pas. Le précipice dont je ne voyais pas le fond la veille plonge de façon vertigineuse dans la vallée. Entraîné par ma curiosité, je m'aventure sur le flanc de la montagne en direction d'une mystérieuse ouverture dessinée dans la roche. À mesure que j'escalade, des dizaines de pierres se dérobent sous mes pieds. Cramponné à la paroi, je me retourne et suis pris de vertige. Le vide est là, prêt à m'engloutir au moindre faux pas. Je me raisonne et rebrousse chemin, pour éviter une chute sans fin !

À mon retour, je retrouve François et Julien qui s'affairent à replier le campement. Avant d'entamer la descente, nous prenons le temps de nous asseoir sur le rebord du fort pour partager une tasse de café face au panorama exceptionnel qui s'offre à nous. Nous dominons le monde aux côtés du cuirassé des Nuages. Loin de l'agitation des villes, nous nous imprégnons de l'ambiance unique qui se dégage de ce lieu d'histoire. Ce matin, pas un souffle de vent, pas un cri d'animal ne vient perturber le silence de haute montagne qui règne au sommet du Chaberton. Après avoir connu le déluge de feu, le fort des Nuages repose en paix. Le souvenir de notre expédition au fort de guerre perché à 3 130 mètres d'altitude restera longtemps gravé dans nos mémoires.

PROLONGER L'AVENTURE

Si vous souhaitez rendre visite au cuirassé des Nuages, sachez qu'un chemin de randonnée y mène. Rendez-vous au col français de Montgenèvre ou au village italien mitoyen de Clavières. Suivez le chemin des Baisses en direction du col du Chaberton. Remontez la rivière jusqu'au télésiège du Rocher rouge. Prenez à droite et entamez la montée par un sentier menant au col du Chaberton. Veillez à emprunter celui qui longe le ravin sur le côté gauche pour éviter des parties trop pentues. En haut du col, empruntez le chemin qui serpente à travers la montagne du Chaberton (en direction du sud-est).

La randonnée jusqu'au fort du Chaberton ne présente pas de difficulté technique majeure. Cependant, une bonne condition physique est nécessaire pour avaler les 1 100 mètres de dénivelé positif. Préparez rigoureusement votre itinéraire, munissez-vous d'un équipement adapté et ne lésinez pas sur l'eau. N'hésitez pas à emporter votre Smartphone et installez au préalable l'application Maps.me, afin de disposer d'une cartographie détaillée des lieux.

Il est recommandé d'effectuer cette randonnée l'été et, de préférence, en début de matinée, lorsque le temps est clair et dégagé. Comptez quatre heures pour atteindre le sommet et deux heures et demie pour en redescendre. En cas de temps incertain, n'hésitez pas à reporter votre expédition. Ne vous aventurez jamais en montagne lorsque l'orage menace !

Une fois arrivé au fort du Chaberton, profitez du panorama exceptionnel qui s'offre à vous. Si vous souhaitez vous aventurer dans les fortifications, soyez extrêmement prudent. Comme en témoigne notre récit, le fort a souffert des bombardements de juin 1940 et des affres du temps. Il présente donc des dangers.

« LE CUIRASSÉ DES NUAGES VEILLE SUR LA FRONTIÈRE FRANCO-ITALIENNE DEPUIS SON TRÔNE À 3 130 MÈTRES D'ALTITUDE. »

VI

LE PHARE MAUDIT

Bâti sur un minuscule rocher perdu au milieu de la mer d'Iroise, le phare de Tévennec est inhabité depuis plus d'un siècle. C'est en hélicoptère que nous nous sommes rendus sur l'îlot réputé maudit afin de nous glisser, le temps d'une nuit, dans la peau d'un gardien d'antan.

LE PHARE DE TÉVENNEC

HISTOIRE

Les flots impétueux de la mer d'Iroise, à l'ouest de la pointe bretonne, ont toujours représenté un danger pour les marins. Les forts courants du raz de Sein et les rochers saillants de la zone ont causé bien des naufrages et alimenté bien des légendes. Au large de la baie des Trépassés, le phare de Tévennec trône depuis plus d'un siècle sur son minuscule îlot.

Au milieu du XIXe siècle, l'augmentation du cabotage entre la pointe du Raz et l'île de Sein pousse l'État à améliorer la signalisation de ce passage maritime. Ainsi, à quelques encablures du chantier du mythique phare d'Armen, Tévennec est pressenti pour accueillir une maison-phare. Malgré les réticences des populations locales, les travaux débutent en 1869. Le rocher est réputé maudit, de sinistres légendes courent à son sujet. Les ouvriers sont accueillis sur l'île au son assourdissant de la mer qui se déchaîne et le criaillement des cormorans rythme le chantier laborieux. « Kerz kuit ! Kerz kuit », « Va-t'en ! Va-t'en ! », déjà les oiseaux avertissent les bâtisseurs du destin funeste réservé au futur phare de Tévennec. L'édifice, construit pour l'essentiel avec des pierres extraites sur l'île, s'élève à 11 mètres au-dessus du rocher.

Le 15 mars 1875, le premier feu de Tévennec est allumé. Persuadé que le lieu est facile d'accès et que la vie y est agréable, l'État décide de n'y affecter qu'un seul gardien. Grave erreur ! Quelques mois à peine après avoir posé le pied sur Tévennec, le premier maître des lieux démissionne. S'ensuit un ballet chaotique de gardiens qui échouent, les uns après les autres, à veiller sur la maison-phare. Car l'îlot, balayé par les vents et les tempêtes, se révèle extrêmement inhospitalier. Il n'est pas rare que les ravitaillements échouent et que les gardiens doivent se nourrir de pain rassis. La solitude, les sifflements, grondements et hululements sinistres du rocher entament rapidement le moral de ses occupants. Tévennec a la réputation d'être un enfer !

Exceptionnellement, un gardien y vivra pendant près de cinq ans, en compagnie de sa femme et de ses enfants. Mais le sort de Tévennec semble scellé. Après une succession de vingt-trois gardiens, et autant de démissions, l'inhospitalité du rocher et la réputation désastreuse de Tévennec conduisent l'État à renoncer à le faire garder. En 1910, la maison-phare est automatisée et plus personne ne séjournera sur le caillou pendant plus d'un siècle.

LE PHARE PERDU AU MILIEU DE LA MER

Les pales de l'hélicoptère tournent frénétiquement dans un vacarme assourdissant à 2 mètres au-dessus de moi. Dans mon casque, le copilote me donne les dernières instructions : « Descends doucement, sans donner d'à-coups ! Ça pourrait déséquilibrer l'hélico. » L'appareil, en vol stationnaire quelques mètres au-dessus du rocher de Tévennec, est ballotté par les vents. À travers l'ouverture, j'aperçois l'amas de roches dont les arêtes ciselées empêchent tout atterrissage. Aucune échappatoire : il faut sauter ! Je lâche la barre à laquelle j'étais agrippé et me jette dans le vide. Marc, notre guide, a quitté l'appareil en premier et me réceptionne. Plaqué au sol par la force inouïe des rotors, je rampe tant bien que mal sur les rochers glissants et récupère mon sac.

L'hélicoptère, en suspension au-dessus du vide, vient de nous larguer !

Je lève les yeux et aperçois la maison-phare de Tévennec. La tour, perchée au sommet de l'île, rayonne dans le bleu éclatant du ciel. Sa façade blanche immaculée est inondée de la lumière dorée de cette fin de journée. Le dernier gardien de Tévennec a déserté les lieux en 1910. Sur le caillou, cormorans et goélands s'agitent, comme surpris de cette visite inhabituelle.

François et Julien me rejoignent. Ensemble, nous gravissons les marches taillées à même la roche jusqu'à la bâtisse. À mesure que l'hélicoptère s'éloigne, nous prenons conscience de l'aventure exaltante qui a débuté avec ce largage pour le moins insolite. Le fracas des vagues qui s'écrasent contre les rochers nous ramène au présent. Le phare de Tévennec se dresse seul au milieu de la mer d'Iroise, à plus de 5 kilomètres des côtes bretonnes. Au-delà de l'horizon, l'océan s'étend à perte de vue. À plusieurs milliers de kilomètres à l'ouest, les premières terres sont celles de l'Amérique.

Marc sort de la poche de son bleu de travail le précieux sésame qui permet d'entrer dans le mystérieux phare. Le maître des lieux nous invite à pénétrer à l'intérieur. Ici, le temps semble s'être arrêté. Une odeur de bois mouillé embaume l'atmosphère. La peinture blanche des murs a perdu son éclat et le sol est couvert d'une épaisse couche de crasse. Les minuscules pièces, plongées dans le noir, gardent le souvenir du dernier gardien ayant habité les lieux. Muni de ma lampe torche, je grimpe l'étroit escalier en colimaçon menant à l'étage et parcours les mansardes à la recherche de celle qui m'accueillera pour la nuit. Le plancher craque bruyamment sous mes pas, je décide de rebrousser chemin et de retrouver mes compagnons d'aventure.

CONSEIL DE L'EXPLORATEUR

Il n'existe que deux moyens de rejoindre le phare de Tévennec : par la mer et par les airs. Bien que le bateau semble la solution évidente pour atteindre le rocher, elle n'en est pas moins risquée. Les puissants courants et la houle capricieuse du raz de Sein rendent bien souvent tout accostage impossible ! Lorsque Marc Pointud s'est exilé pendant soixante jours sur le caillou, il a dû patienter neuf jours supplémentaires avant d'être embarqué. Afin d'assurer des conditions de tournage optimales, nous avons opté pour l'héliportage.

Quand je suis de retour en bas, Marc nous interpelle. Pour vivre à Tévennec, il faut se plier aux ordres de son capitaine ! Tels des matelots embarqués sur un navire, nous saisissons balais et pelles pour récurer notre gîte. Le marin se joint à nous. L'homme robuste a le dos voûté, le visage ridé et les mains marquées par une vie d'aventure. Jamais sans sa pipe, il balaie vigoureusement le sol. Marc est comme chez lui. Un an plus tôt, il a vécu soixante-neuf jours en solitaire dans ce phare. Entre deux coups de balai, il retrouve d'anciennes affaires laissées sur l'île. Bidons d'eau par dizaines, cartons remplis de boîtes de conserve, les reliques de l'ex-naufragé s'entassent au milieu des cordages, sacs de transport et outils.

Les lieux sont envahis par de curieux invités. Une colonie de cloportes de mer, des petits crustacés, a trouvé refuge dans l'édifice. Alors que des centaines de dépouilles s'entassent dans les pièces de vie, ils sont autant à se balader autour de nous. L'espèce est nocturne, il faudra donc compter avec eux cette nuit !

Je profite d'un instant de répit pour me rendre sur la petite terrasse qui ceinture le phare. Les derniers rayons du soleil de l'été indien habillent la mer d'une robe dorée resplendissante. Marc, assis sur le muret d'enceinte, scrute l'horizon d'un air pensif. Près de lui, une mystérieuse croix en métal a été plantée dans la roche. Je m'installe à ses côtés et l'interroge au sujet de cette curieuse relique.

NOTE HISTORIQUE

Avant même que le rocher de Tévennec n'accueille un phare, de nombreuses légendes le disaient maudit. Selon le folklore local, l'Ankou, l'incarnation de la mort, résidait ici et accueillait les âmes des naufragés. Malgré les réticences de la population, l'État décida d'y installer une maison-phare. Nombreux furent les ouvriers puis les gardiens à y entendre des voix, d'étranges murmures et parfois même à apercevoir la silhouette désincarnée des naufragés. En 1893, un prêtre exorcisa le rocher, sommant le diable de s'en aller. Pour libérer définitivement Tévennec de sa malédiction, une croix en pierre y fut érigée. Détruite par la foudre, celle-ci fut remplacée par une autre, qui disparut à la suite d'une tempête en 2009. Marc et son association ont installé une nouvelle croix en 2012, pour perpétuer la légende de Tévennec.

Marc me confie : « Chacun croit en ce qu'il veut. Ce qui compte, c'est de croire en quelque chose ou non. Après tout, Descartes est mort en prouvant l'existence de Dieu par les mathématiques. Cela peut paraître aberrant, mais il est mort tranquille. C'est peut-être ça finalement le but de croire en quelque chose : faire le grand passage avec sérénité. Car le grand passage est le même pour tout le monde. »

À mesure que la lumière décline, les phares et balises entourant le raz de Sein s'illuminent. Le phare de Tévennec se réveille à son tour. Régulièrement, le feu situé au-dessus de nos têtes rayonne, guidant les marins à travers la nuit. Le vent se lève, la température chute, le grondement de la mer résonne de plus belle et l'obscurité s'installe. Julien et moi rejoignons la pièce dans laquelle Marc a ses quartiers. Notre capitaine a sorti son réchaud à gaz, ancien compagnon d'infortune, dont nous ravivons la flamme. Nos soupes réchauffées, nous retournons sur la terrasse pour partager ce dîner frugal. Pas de soupe pour Marc, il s'est muni d'un saucisson, d'un quignon de pain et d'une bouteille de vin rouge. L'odeur de la mer se mêle aux effluves de nos potages que nous nous empressons d'avaler. Les murs du phare se criblent progressivement de dizaines de taches jaunes. Les cloportes de mer sont de sortie !

« À L'OUEST, LES PROCHAINES TERRES SONT CELLE DU CANADA. »

NUIT AU BOUT DU MONDE

Ce soir, Tévennec est en paix. La mer, bien qu'agitée, est encore loin de ses grandes colères. Marc nous raconte avec enthousiasme la tempête qu'il a affrontée à Pâques 2016 alors qu'il habitait la maison. En pleine nuit, les éléments s'étaient déchaînés ! La mer était furieuse, le vent hurlait à plus de 160 km/h et les lames s'écrasaient dans un vacarme infernal contre l'îlot. Les murs d'eau engloutissaient par moments le phare, situé à plus de 20 mètres au-dessus du niveau de la mer. La terrasse, complètement inondée, ruisselait tel un torrent et notre capitaine, harnaché à sa ligne de vie, était aux premières loges de la tempête. « C'était énorme ! Il y avait presque 1 mètre d'eau sur la terrasse. À l'intérieur, c'était l'enfer ! Les sifflements sous les portes, les grondements dans la tour, c'était dément ! Mais la maison en a vu d'autres », se remémore Marc avec émotion.

NOTE HISTORIQUE

Bien qu'une classification officielle existe pour catégoriser les différents types de phares, les gardiens utilisent un vocabulaire bien à eux. En fonction de sa localisation et de ses caractéristiques, un phare jouit de trois qualificatifs : paradis, purgatoire ou enfer. Un « paradis » est un phare installé sur le continent, et la vie y est plutôt agréable. Un « purgatoire » est quant à lui construit sur une île et souvent isolé. Pour finir, un « enfer » est un phare de haute mer, souvent difficile d'accès et où les conditions météorologiques comme la solitude rendent la tâche de gardiennage éprouvante. Lors de la construction du phare de Tévennec, l'Administration classa l'édifice en fanal de quatrième catégorie, le considérant comme un « paradis ». La maison-phare avait pourtant tout d'un « enfer ». Ainsi, un seul gardien y fut affecté au départ et cette erreur contribua à la réputation sinistre de Tévennec.

Avant de rejoindre nos couchages, le capitaine nous rappelle les dernières consignes. Interdiction formelle de s'aventurer dans les rochers durant la nuit ! Le caillou est glissant et la houle, impétueuse, pourrait emporter un imprudent. « On est quatre ce soir, j'aimerais qu'on soit quatre demain matin ! », conclut avec fermeté le doyen de l'équipage. Nous acquiesçons et rejoignons nos cabines à l'étage. Deux minuscules pièces ont été grossièrement aménagées pour l'occasion. Je me couche sur mon petit matelas disposé à même le sol. Emmitouflé dans mon sac de couchage et bercé par le fracas des vagues, je sombre dans un paisible sommeil. Cette nuit, aucun fantôme ne viendra troubler mon repos.

MANOEUVRE PÉRILLEUSE AU PIED DU PHARE

De toutes les nuits que j'ai passées dans des lieux insolites, celle-ci fut la plus agréable. Mes deux acolytes n'ont quant à eux pas eu droit à ce luxe. Ce n'est pas le ressac de la mer, mais le cliquetis ininterrompu d'étranges invités surprises qui a accompagné leur sommeil. Les cloportes ont mené la vie dure à mes deux amis, qui ont bataillé toute la nuit pour les empêcher de s'introduire dans leur duvet. Pas question de partager leur couche avec ces créatures disgracieuses !

Ce matin, une mer d'huile entoure le caillou. La nuit ne s'est pas encore entièrement effacée et les étoiles brillent toujours au-dessus de Tévennec. Au loin, le clignotement régulier des phares se mêle aux lumières vacillantes des chalutiers qui rentrent de leur pêche. Notre capitaine est déjà sur le pont, enveloppé dans les volutes de sa pipe. Je m'avance vers lui et lui tends une tasse de café. « C'est chouette, hein ? », s'exclame Marc avant de replonger dans ses pensées. Je reste silencieux. Isolé et coupé du monde, Tévennec ne laisse personne indifférent.

Voilà plus de cent quarante ans que la maison-feu brave vents et tempêtes. Délaissée par l'homme, elle sombre petit à petit dans l'oubli et la décrépitude. J'emprunte à nouveau l'escalier de roche et accède à un terrassement en contrebas. Une curieuse construction a été installée ici. Il s'agit d'un ancien four à pain qui permettait aux gardiens d'y préparer leurs fournées. Cette caractéristique singulière des phares bretons montre la détermination avec laquelle nos ancêtres ont tenté de faire de l'îlot maudit un lieu de vie.

Soudain, notre capitaine nous hèle. L'appel a été lancé, notre convoi est en approche. Branle-bas de combat au phare de Tévennec ! L'équipage rassemble sacs et affaires et descend sur le rocher. Le rugissement des rotors s'amplifie, l'hélicoptère arrive. La scène est encore plus impressionnante qu'à l'aller. Après avoir fait un tour complet de l'îlot, l'appareil tente une première approche. Ce matin, le vent de secteur sud rend la manœuvre périlleuse. L'hélicoptère est poussé contre le rocher et le pilote doit lutter pour stabiliser l'engin. À quelques mètres sous les pales de la machine, j'attends le top départ. Le bruit assourdissant et la force terrible des hélices m'obligent à me cramponner aux rocs saillants. Crispé et anxieux, j'assiste à la descente de l'écureuil B2. La porte latérale de l'hélicoptère s'ouvre brusquement. Le copilote nous fait signe. Il est temps d'y aller. Au moment d'embarquer, une rafale de vent emporte le sac de François de l'autre côté de l'îlot. Nos regards se croisent. Je hurle à plein poumons : « Laisse tomber, viens ! » Pas question de braver les ordres de Marc. À ma grande surprise, François s'élance et se jette à travers les rochers glissants. Tout va très vite. Le copilote m'ordonne de monter à bord. Je saisis les marches de l'hélicoptère et me hisse dans l'appareil en suspension. Dans le casque, la tension est palpable. Soudain, François réapparaît, son sac en main. Ni une ni deux, il se hisse à son tour dans l'habitacle et pousse un cri de soulagement. Puis c'est au tour de Julien, et l'hélicoptère prend de l'altitude. Marc, quant à lui, nous rejoindra quelques heures plus tard. Euphoriques, nous saluons d'un geste le phare de Tévennec.

PROLONGER L'AVENTURE

Depuis 2011, Marc Pointud est le président de la Société nationale pour le patrimoine des phares et balises. Il tente, contre vents et marées, de sauver la maison-phare de Tévennec de la ruine. En faisant connaître ce lieu au grand public, il espère un jour pouvoir rénover l'habitation et la convertir en maison d'artiste. Témoignage exceptionnel du patrimoine maritime breton, Tévennec et ses légendes ne cesseront de faire rêver les curieux qui aperçoivent le phare au loin.

Si vous souhaitez contribuer au sauvetage
de Tévennec, contactez l'association sur le site
http://www.pharesetbalises.org/

« PERDUE À PLUS DE 5 KILOMÈTRES DES CÔTES, LA MAISON-PHARE DE TÉVENNEC EST INHABITÉE DEPUIS PLUS D'UN SIÈCLE. »

VII

LA PRISON ABANDONNÉE

–

En plein centre d'une ville du sud de la France gît une prison abandonnée qui recèle de nombreux secrets. En son temps, c'était une forteresse dont personne ne pouvait s'échapper. Au cœur de la nuit et après de nombreuses tentatives, François et moi sommes parvenus à nous y infiltrer !

LA PRISON ABANDONNÉE

HISTOIRE

Afin de garder une certaine discrétion sur la localisation des lieux, nous n'entrerons pas dans les détails de l'histoire de ce pénitencier. Construit en pierres de taille dans la seconde moitié du XIXe siècle, le lieu est ceinturé par un imposant mur d'enceinte et des remparts qui datent du Moyen Âge. Le bâtiment carcéral, organisé selon les règles en vigueur à l'époque, est divisé en plusieurs quartiers : hommes, femmes, arrivants et sortants. Chaque cellule est partagée par plusieurs détenus. Une chapelle est même édifiée à l'intérieur du complexe ; elle deviendra plus tard la cuisine.

Transformé en hôpital militaire durant la Première Guerre mondiale et occupé par les Allemands lors de la Seconde, le pénitencier retrouve par la suite sa fonction d'origine. En raison de la vétusté des lieux, il est vidé de ses pensionnaires au début des années 2000. Depuis, les projets de réhabilitation se succèdent, sans parvenir à redonner une nouvelle vie à l'édifice.

LA FORTERESSE DE PIERRE

Les passants déambulent sur l'artère principale de la cité. Le soleil, au zénith, cogne, réfléchi par la vieille pierre blanche des bâtiments. Les terrasses des cafés sont bondées, les visages rayonnent. Les premiers jours ensoleillés du printemps font souffler un vent de légèreté dans cette ville du sud de la France. François et moi, mêlés à la foule, bifurquons soudainement dans une rue adjacente. Nous nous engouffrons dans un dédale tortueux de ruelles, passons sous une arche et arrivons dans un minuscule square autour duquel s'élèvent d'immenses murailles. Nous traversons le jardin et nous faufilons dans un étroit passage. Au bout d'une impasse discrète se profile notre objectif. Loin du tumulte du centre-ville, la forteresse de pierre apparaît. Le mastodonte, qui a traversé les siècles, se dresse devant nous, entouré de ses épais remparts coiffés de barbelés. À l'abri des regards indiscrets, une petite porte en métal est encastrée dans le haut mur de pierre infranchissable. Elle est surmontée d'une plaque de calcaire dans laquelle est sobrement gravé « Maison d'arrêt ».

L'ANCIEN DÉTENU DE LA PRISON

François et moi regagnons notre chambre d'hôtel pour parfaire notre plan. Le centre de détention, édifié en pleine ville, est visible de tous. Il faudra donc aller vite : ouvrir la porte dérobée, se faufiler dans l'enceinte de la prison et en refermer l'accès avec la plus grande discrétion. Le pénitencier est entouré d'habitations et le moindre faux pas pourrait alerter les voisins. Les lampes devront être éteintes et les gestes sûrs, sans quoi nous risquons d'avoir des ennuis. Cette exploration va nous donner du fil à retordre.

La nuit est tombée sur la cité. Je parcours à nouveau les rues pavées du centre historique. Sur le chemin, chaque bruissement me fait sursauter, chaque silhouette alerte ma vigilance. La tension est palpable. Au détour d'une allée, je croise quelques fêtards, enivrés par l'ambiance festive qui règne dans un café. L'un d'eux me salue joyeusement et je réponds d'un sourire, cachant l'anxiété qui me ronge.

François et moi suivons le tracé que nous avons repéré en journée : les ruelles étriquées, l'arche, le square entouré de murailles et finalement l'impasse. Mon cœur bat de plus en plus fort. Au bout du cul-de-sac que les réverbères éteints n'éclairent pas ce soir, la forteresse baigne dans la pénombre, ceinturée de ses murs haut de 6 mètres. Soudain, un détail imprévu trouble notre attention. Une voiture est garée pile devant la porte dérobée que nous devons emprunter. Ses phares et feux arrière sont allumés, ses fenêtres ouvertes, mais personne à l'intérieur... Un étrange va-et-vient de passants s'opère autour du mur d'enceinte. Policiers en civil ou simples riverains ? Le doute s'installe.

Nous décidons de faire le tour du quartier, dans l'espoir que le véhicule et les promeneurs importuns disparaissent. Un quart d'heure plus tard, la voiture et les curieux rodeurs sont toujours là. Un homme attire mon attention. Trapu, vêtu d'un ample veston en cuir et le crâne chauve, il effectue des allers-retours frénétiques le long des remparts de la prison. L'indic qui nous a aidés à préparer notre exploration nous a parlé d'un certain Philou, habitué des visites clandestines. La description qu'il nous en a faite correspond à l'apparence du rôdeur. Je prends mon courage à deux mains, m'avance vers le mystérieux personnage et l'interroge : « Bonjour, vous êtes bien Philou ? » Son regard brille et un grand sourire se dessine sur son visage à l'évocation de son pseudonyme. Il me saisit par le bras et me conduit au coin de la rue. À l'abri des regards indiscrets, l'homme me raconte.

Philou, ancien détenu de la prison,
nous livre ses secrets.

Il connaît bien l'établissement. Et pour cause ! Il y a fait un bref séjour plusieurs dizaines d'années auparavant. Depuis l'abandon de la prison au début des années 2000, le quinquagénaire s'est passionné pour le lieu et l'a exploré de fond en comble. Chaque recoin, chaque détail, il connaît le pénitencier et ses secrets comme sa poche. L'ancien détenu me confie qu'il affectionne tout particulièrement la cellule n° 135. C'était son « chez-lui ». Inlassablement, il y retourne, s'imprégnant de l'ambiance du lieu et se remémorant avec un brin de nostalgie son séjour passé. Grincements, éclats de voix, cliquetis de la serrure, martèlement des bottes des matons, le tohu-bohu de l'établissement n'est aujourd'hui qu'un lointain souvenir. Passant outre ses airs de roublard, je confie à Philou les raisons de ma visite. Armé de ma caméra, je souhaite m'infiltrer dans l'ancienne prison pour capturer des images avant que l'édifice ne soit détruit ou transformé. L'idée plaît au gaillard, qui me livre un des secrets les mieux gardés de l'établissement. Dans le grenier de la forteresse, une échelle dissimulée mène à une pièce cachée dont peu d'explorateurs ont connaissance. La planque abrite un trésor : les archives d'anciens détenus. L'homme aux yeux bleus m'adresse un regard malicieux, me salue et disparaît au fond de la rue.

CONSEIL DE L'EXPLORATEUR

Il est parfois difficile d'obtenir des informations sur l'accès d'un lieu. Entrée secrète, passages dissimulés, risques et dangers ou encore anecdotes insolites, les témoignages d'aventuriers ayant déjà exploré l'édifice constituent une précieuse source d'information. Pour cette expédition, Quentin, notre indic, nous a mis en contact avec Philou dont la connaissance précise des bâtiments nous a permis d'entrer dans la forteresse et d'en percer les mystères.

AU CŒUR DE LA PRISON

Le ton monocorde du présentateur de la chaîne résonne dans la chambre d'hôtel. Les bulletins défilent en boucle, déversant le même flot d'informations. Il est bientôt 4 heures du matin et nous en sommes à trois tentatives avortées. François et moi saisissons nos sacs à dos et enfilons nos habits sombres. C'est notre dernière chance !

Le quartier est à présent vide, mais la sentinelle est toujours postée devant la porte d'entrée de la maison d'arrêt. La SEAT projette sans relâche ses faisceaux sur le mur d'enceinte de la prison. Après m'être assuré que la rue est vide, je me précipite tout droit vers la porte en métal. Je m'accroupis derrière le véhicule pendant que François ouvre l'accès au pénitencier. Un grincement résonne dans l'impasse et nous filons comme des ombres à travers la porte entrouverte. Mon acolyte verrouille les loquets derrière moi. Nous voilà enfin à l'intérieur de cette maudite prison !

Dans le noir complet, je traverse une petite cour et me fraie un passage dans le premier bâtiment qui se dresse devant moi. J'allume ma frontale, et la silhouette d'une immense grille se dessine dans le halo rouge de mon éclairage. Une porte est entrouverte dans les épais barreaux de métal. Je franchis le portail et accède à un sas : ultime séparation entre la liberté et les verrous. Les herses s'élèvent tout autour de moi. Une rangée de casiers numérotés est encastrée dans le mur de l'ancien poste de garde. La prison accueille ce soir un visiteur un peu particulier.

À pas de velours, je traverse la pièce et parcours un couloir sans fin. Les portes des cellules, reconnaissables aux judas dont elles sont équipées, sont grandes ouvertes. L'intérieur des taules contraste avec l'austérité de la forteresse qu'elles occupent. Les murs, parfois peints de couleurs vives, sont parsemés de centaines de gravures, souvenirs d'autant de personnes ayant passé du temps sous les verrous. Les petites salles carrées se suivent et se ressemblent, chacune ornée de ses graffitis. Les morceaux de papier encore scotchés au mur laissent deviner la présence passée de posters érotiques dont les femmes peuplaient probablement les rêves des taulards. Puis je repense à Philou, qui, marqué par son expérience, revient parfois se perdre dans la cellule 135.

La prison, bien que vétuste et dégradée par le temps, ne porte que très peu de stigmates du passage d'explorateurs. Peu de vandales sont arrivés jusqu'ici, car peu ont osé entrer.

ANCIENNES FICHES DE DÉTENUS

Je hume à nouveau l'air frais de l'extérieur. Le chant des grillons résonne dans la nuit. L'ancienne cour bétonnée, encerclée par les colossaux bâtiments austères, est toujours recouverte de son filet de protection. La végétation a repris ses droits. Sur un pan du pénitencier, les marques d'un but de football et d'un panier de basket se mêlent aux taches de moisissure verdâtres qui couvrent la bâtisse. Je quitte la promenade et pénètre dans l'aile nord de la forteresse, à la recherche de la pièce secrète dont m'a parlé Philou. François et moi gravissons l'escalier du complexe et débusquons une discrète échelle.

Les couleurs vives des cellules contrastent avec l'austérité de la prison.

Je propose à mon comparse d'aller jeter un coup d'œil au grenier. Je me hisse dans la soupente quand un fracas me fait sursauter ! Paniqué, je redescends les barreaux à la hâte. Intrigué, François s'engouffre à son tour dans l'ouverture. Après quelques secondes, il me hèle, amusé : « C'est qu'un pigeon ! » Je rejoins mon ami à l'étage. Le toit mansardé n'est pas très haut mais s'étale à perte de vue. Le sol, gravillonné, s'est mué en véritable cimetière d'oiseaux et un volatile encore vivant tente de s'enfuir en vain. Alerté par notre présence, l'animal panique et glousse bruyamment. Le battement frénétique de ses ailes soulève un nuage de poussière qui enveloppe la pièce.

« CONSTRUITE MILIEU DU XIXe SIÈCLE, LA PRISON FUT ÉRIGÉE AU CŒUR DE LA CITÉ. »

Rassuré, mais peu enthousiaste, je m'enfonce, arcbouté dans le grenier, zigzaguant entre les dépouilles de pigeons. De l'autre côté des combles, je remarque enfin la minuscule ouverture dans le sol et la vieille échelle en bois dont nous a parlé notre informateur. Elle s'enfonce dans une petite remise que je scrute à l'aide de mon éclairage. La pièce ne comporte aucune fenêtre, elle a été mystérieusement murée. Des dizaines de couvertures et de tapis de corde sont entassés sur des seaux en métal. Une épaisse couche de crasse recouvre l'ensemble. Je me penche sur ce chaos et fouille l'endroit, à la recherche des feuillets perdus. L'homme avait dit vrai ! Je mets rapidement la main sur une ancienne fiche de détenu jaunie par le temps. Le formulaire manuscrit mentionne l'identité du pensionnaire. Nom et prénom, taille, lieu et date de naissance, motif de l'incarcération, date d'entrée à la prison, et même empreintes digitales, je déchiffre tant bien que mal ces écrits du passé. Parmi les fiches dont l'encre s'est parfois effacée, certains mots me troublent. Il y est question de trahison en 1946 ou 1947. L'ombre de la Seconde Guerre mondiale et de la collaboration plane sur le sort de ces anciens occupants. Il ne fait plus de doute, la forteresse a traversé les âges ! Je repense alors au destin singulier d'une ancienne pensionnaire des lieux.

NOTE HISTORIQUE

Au cours de la Seconde Guerre mondiale, la prison sert aux Allemands, qui y enferment les résistants français. En mars 1944, le destin d'une fillette va basculer. Arrêtée avec son père par la Gestapo, Marceline Loridan-Ivens est jetée dans la forteresse. Détenue dans le plus grand secret pendant deux semaines, elle croupit entre les murs de la prison avant d'être déportée à Auschwitz. Miraculée, la jeune fille revient vivante du camp de la mort, et son témoignage permet de faire la lumière sur le rôle funeste de la prison pendant l'occupation allemande. Soixante-dix ans plus tard, la veille dame foule à nouveau le sol de la geôle dans laquelle on lui avait ôté sa liberté et son humanité. Elle se rappelle avoir laissé une inscription dans le cachot : « C'est presque du bonheur de savoir à quel point on peut être malheureux. »

L'ÉVASION

François et moi rebroussons chemin et arpentons à nouveau les longs couloirs froids de la prison. Soudain, un grincement de porte résonne au loin. Je m'arrête net et tends l'oreille, anxieux. Des coups contre les barreaux retentissent distinctement. Une bouffée de chaleur m'envahit. Je chuchote en direction de mon complice : « C'était quoi ça ?! » Incrédule, François s'est lui aussi figé sur place. « J'ai pas envie de me cacher, on y va ! » Les portes colorées des cellules grandes ouvertes défilent devant nous tandis que nous remontons à la hâte l'aile nord de la maison d'arrêt. Nous retraversons le bâtiment de long en large en direction de la seule sortie que nous connaissons. Régulièrement, je tends l'oreille pour percevoir à nouveau les bruits qui nous ont alertés. À mesure que l'évasion approche, les battements de mon cœur font vibrer ma poitrine, et je sens l'adrénaline monter en moi. Arrivés au mur d'enceinte, nous éteignons tous nos éclairages. Tels deux fugitifs, nous nous précipitons vers la porte de métal qui est toujours verrouillée. Nous ouvrons la petite trappe et jetons un rapide coup d'œil à l'extérieur. La voie est libre ! Dans le calme de l'aube, le grincement du métal retentit au milieu des piaillements des oiseaux. À la lumière bleutée de cette fin de nuit, François et moi nous échappons de la forteresse et disparaissons dans les ruelles de la cité qui s'éveille. La prison abandonnée replonge quant à elle dans sa léthargie.

UN AN PLUS TARD

Un an plus tard, me voilà à nouveau dans la cité. Philou, avec qui je me suis lié d'amitié, a souhaité me faire une visite guidée de la prison. Tout sourire, l'homme m'attend devant la porte dérobée et me conduit à l'intérieur de sa forteresse. À peine entré dans l'édifice, mon guide propose un café. À ma grande surprise, le gaillard a installé un percolateur dans l'ancien poste de garde de la prison. Ce soir, un air de fête règne ici ! Quatre autres explorateurs se sont joints à nous, dont une mère et sa fille, qui ont même décidé de passer la nuit dans une cellule. La bande m'accueille chaleureusement et des éclats de rire résonnent entre les murs vides du pénitencier.

Philou, devenu au fil du temps le gardien officieux des lieux, m'explique qu'il surveille les allées et venues des curieux. L'ancien détenu veille, à sa façon et en toute clandestinité, sur le bâtiment, pour éviter que des personnes mal intentionnées ne viennent le dégrader. Au cours de la soirée, mon hôte me conduit à son ancienne geôle. À l'intérieur de la cellule 135, Philou me confie ses souvenirs : les longues nuits passées dans la minuscule pièce en compagnie de ses trois codétenus, le brouhaha ininterrompu, le manque d'intimité, et surtout l'angoisse de ne pas retrouver sa liberté. C'était il y a plus de trente ans. Même si Philou a tiré un trait sur son passé de hors-la-loi, il aime revenir ici.

L'homme déambule dans les couloirs, sifflotant d'un air allègre et s'assurant que toutes les portes des cellules restent bien ouvertes. « J'aime pas quand une porte est fermée. Une porte ouverte, c'est signe de liberté. Alors, il faut toutes les ouvrir ! » Promenade, parloir ou remise en liberté, les occasions de quitter la cellule étaient rares. Alors, quand il revient dans la prison abandonnée, Philou s'assure que les portes restent toutes ouvertes. C'est peut-être sa façon à lui de se rappeler qu'il est un homme libre.

Dans quelques mois, l'édifice devrait connaître ses premiers grands travaux de restauration. Il est prévu de transformer la prison en un lieu de vie pour le quartier. Philou, satisfait que la forteresse ne soit pas démolie, m'exprime son seul regret : ne pas avoir pu la faire visiter à ses anciens codétenus.

VIII

LE GUIDE DE L'EXPLORATEUR

–

L'exploration de lieux abandonnés est une discipline qui n'est pas sans risques et dont la pratique clandestine vous expose à des poursuites judiciaires. Si vous souhaitez toutefois franchir le pas, ce guide réunit nos conseils et règles d'or pour partir à la découverte du patrimoine abandonné.

CONSEILS DE L'EXPLORATEUR

À la lecture de cet ouvrage, vous aurez peut-être envie de partir vous-même à l'aventure, à la découverte des vestiges de votre région ou de votre pays. Comme je l'ai souligné à plusieurs reprises au cours du récit, l'exploration de lieux abandonnés est une pratique qui n'est pas sans risques. Effondrements, chutes de pierres, planchers qui se dérobent sous vos pieds, escaliers bringuebalants, produits chimiques, poussière, moisissure, air vicié ou encore mauvaises rencontres, les bâtiments désaffectés recèlent bien des dangers. Les erreurs d'inattention, le manque de prudence ou l'inconscience ont déjà coûté la vie à des explorateurs en France.

Afin de vous permettre d'aborder au mieux vos explorations, François, Julien et moi avons consigné nos plus précieux conseils. Ces derniers sont le fruit de huit années d'exploration dans des centaines de lieux abandonnés en France et à travers le monde. Il s'agit principalement de règles de bon sens et de bonne conduite qui feront de vous un explorateur responsable. Même si certains conseils paraissent évidents, il convient tout de même de les rappeler, notamment si vous débutez.

1. S'ASSURER QUE LE LIEU EST BIEN ABANDONNÉ

Un bâtiment décrépit n'est pas forcément à l'abandon. Assurez-vous qu'il le soit vraiment avant de vous y aventurer. Renseignez-vous au sujet de l'édifice sur internet, par le biais de témoignages d'autres explorateurs ou encore auprès des archives départementales. Vérifiez également que le lieu n'est pas squatté, au risque de déranger ses occupants clandestins.

2. DEMANDER LES AUTORISATIONS POUR VISITER LE LIEU

Tout édifice, même à l'abandon, appartient à quelqu'un. Particulier, entreprise ou administration publique, il est parfois possible de retrouver le propriétaire du lieu afin d'obtenir une autorisation. Notez d'ailleurs que l'exploration clandestine d'ouvrages militaires n'est pas sans risques juridiques. Les lois régaliennes sont sévères et les conséquences d'une infiltration sur un terrain militaire pourraient s'avérer terribles. Ne pénétrez donc en aucun cas dans des bases désaffectées, surtout lorsque des panneaux en interdisent l'accès.

3. EN CAS DE VISITE CLANDESTINE, NE PAS ENTRER PAR EFFRACTION

Si vous ne parvenez pas à retrouver le propriétaire d'un lieu et que vous vous lancez dans une exploration clandestine, renseignez-vous sur les lois en vigueur dans le pays. N'entrez jamais par effraction : ne forcez pas l'accès, ne dégradez pas l'édifice pour pénétrer à l'intérieur, n'escaladez ni clôtures, ni barrières, ni palissades, ne faites pas usage de ruse et, surtout, rebroussez chemin si le lieu est gardienné. Ces actes sont condamnables par la loi et risquent de vous valoir de sérieux ennuis.

4. NE RIEN VOLER OU DÉGRADER

C'est l'une des règles d'or de l'exploration urbaine. N'emportez jamais de butin de vos expéditions et ne dégradez pas les lieux ! Quelle que soit votre trouvaille, laissez-la sur place. Dans le cas contraire, vous ne serez plus un explorateur, mais un pilleur. En respectant scrupuleusement le lieu, vous participez à sa préservation et offrez aux prochains explorateurs le même plaisir de découverte.

5. NE PAS DIVULGUER LA LOCALISATION DES LIEUX

Les lieux abandonnés suscitent la curiosité des passionnés, mais ils attirent également des personnes mal intentionnées. Ainsi, ne divulguez jamais de renseignements précis sur leur localisation. Des vandales ou des voleurs pourraient se servir de vos indications pour saccager ou piller le bâtiment. La discrétion est donc de mise chez les explorateurs urbains.

6. ÊTRE ACCOMPAGNÉ D'UN GUIDE (ADULTE) EXPÉRIMENTÉ

Ne vous aventurez jamais seul dans un édifice abandonné, soyez accompagné d'une personne de confiance qui connaît bien les lieux. Pour toute expédition, un guide représente un gage de responsabilité. Généralement expérimenté, il vous avisera des risques liés à l'exploration et saura faire preuve de sang-froid en cas d'imprévu. Si vous débutez, préférez les lieux peu périlleux pour gagner en assurance et en expérience. Aussi, si vous êtes mineur, parlez de votre projet à votre entourage et demandez à un adulte responsable, en qui vous avez pleinement confiance, de venir avec vous.

7. PORTER UN ÉQUIPEMENT ADÉQUAT

Les lieux abandonnés sont par définition hostiles. Trous, barres métalliques, verre brisé, poussière ou obscurité, ces endroits mystérieux n'en sont pas moins dangereux. Adaptez votre équipement en conséquence. Munissez-vous de chaussures de randonnée renforcées, d'un pantalon en jeans, d'un t-shirt à manches longues et d'une veste. Équipez-vous également de gants et d'un masque antipoussière. Prévoyez aussi de l'eau en quantité suffisante pour subvenir à vos besoins. Une trousse de premiers soins est par ailleurs vivement conseillée.

Pour finir, emportez des éclairages puissants (lampe frontale, lampe torche) et n'oubliez pas les batteries de rechange. Prévoyez tout en double pour pallier une éventuelle panne. Ne lésinez surtout pas sur les moyens ! Il n'est pas rare que des explorateurs peu avertis se retrouvent coincés sans éclairage au fond des galeries souterraines d'un fort abandonné. Dans l'obscurité totale, l'ouvrage se mue en un véritable labyrinthe, l'angoisse vous fait perdre la raison et il devient alors presque impossible de s'en échapper. Un brin d'insouciance peut avoir des conséquences dramatiques.

8. PRÉPARER SON EXPÉDITION

Une exploration, comme toute autre aventure, cela se prépare ! Plus vous aurez étudié le lieu et ses conditions d'accès, plus vous serez à l'aise sur le terrain.

Avant d'entamer votre périple, renseignez-vous sur le site : quel est son état de dégradation ? Le bâtiment est-il squatté ou bien le terrain de jeu favori de vandales ? La marche d'approche est-elle longue ou compliquée ? Quelles conditions climatiques sont attendues ? Prenez tous ces éléments en considération dans la préparation de votre expédition. N'hésitez pas à entrer en contact avec des personnes ayant déjà exploré le lieu pour recueillir leur témoignage. De même, consultez les cartes topographiques, les vues satellite et les plans des bâtiments pour mieux vous repérer.

Quel que soit votre projet, prévenez un proche au préalable. Indiquez-lui, le lieu, les cordonnées GPS ainsi que les heures de début et de fin de votre exploration. Sans nouvelles de vous, cette personne aura pour mission d'alerter les secours.

En cas de voyage à l'étranger, assurez-vous de connaître vos droits. Certains pays ne tolèrent pas les explorations clandestines. Pour des projets ambitieux à l'international, demandez conseil à un avocat, qui vous renseignera sur vos droits et devoirs.

9. GARDER SON CALME EN CAS DE RENCONTRE INATTENDUE

Gardien, squatteur, vandale, pilleur ou autre explorateur, il n'est pas rare de faire une rencontre imprévue dans un bâtiment abandonné. Quelle que soit la situation, gardez votre calme ! Ne tentez pas de vous cacher ou de fuir, car vous pourriez perdre vos moyens et vous blesser. Allez à la rencontre de la personne, présentez-vous et expliquez votre démarche.

Si l'inconnu se montre menaçant, ne faites jamais preuve d'agressivité, mais indiquez que vous allez quitter les lieux. Surtout, ne brandissez aucun objet qui pourrait être assimilé à une arme, car la situation pourrait tourner au drame.

10. FUIR LES USINES ET LEURS DANGERS

Les usines sont les lieux abandonnés les plus faciles à trouver, mais surtout les plus dangereux à explorer. Produits toxiques, gouffres, structures instables ou rouille, les complexes industriels désaffectés cachent de nombreux pièges. Livrés aux quatre vents, ces bâtiments, avant tout utilitaires, ne sont pas conçus pour durer dans le temps. Ils se dégradent très rapidement et se transforment en leurre pour explorateurs imprudents. Une grande partie des accidents ont d'ailleurs lieu dans ces ruines. Fuyez donc les usines !

11. FAIRE PREUVE DE BON SENS

C'est le conseil le plus évident, mais le plus important aussi : faites preuve de bon sens ! Gardez votre calme en toute circonstance. Regardez sous vos pieds et au-dessus de votre tête. Ne montez pas sur le toit et ne jouez pas au funambule. Connaissez vos limites et ne cherchez pas à les dépasser pour impressionner vos amis ou faire le buzz sur la Toile, car le jeu n'en vaut pas la chandelle.

L'exploration de lieux abandonnés est une pratique passionnante et enrichissante qu'il faut exercer de façon responsable. Ce sont avant tout votre bon sens, votre lucidité et votre vigilance qui feront de vous un explorateur averti. Mesurez les dangers qui vous entourent et faites preuve de prudence. Gardez la tête froide et ne mettez jamais votre vie ou celle de vos compagnons d'aventure en danger. Ainsi, vous pourrez profiter pleinement des lieux, admirer leur architecture, comprendre leur histoire et en percer tous les secrets.

Les récits que nous avons relatés dans cet ouvrage sont le fruit de plusieurs mois d'écriture, d'introspection et de réflexion. Ces histoires ont été retranscrites avec la même passion que celle qui nous anime lorsque nous partons en expédition.

À travers ce livre, nous avons souhaité porter un regard intimiste sur nos expériences d'explorateurs nocturnes et partager en toute sincérité des aventures qui ont transformé notre vie. Chaque histoire, chaque page, chaque photo est le reflet de ce que nous sommes.

Si vous souhaitez nous livrer vos impressions, partager vos propres expériences ou tout simplement prolonger l'aventure, retrouvez-nous sur notre chaîne YouTube, « Mamytwink », et sur les réseaux sociaux !

Julien, François et Florian

REMERCIEMENTS

L'écriture d'un premier livre est une aventure à part entière, dont le voyage semé d'embûches n'aurait pas été possible sans le soutien de nos proches. Nous tenons à remercier chaleureusement :

Anne-Christine Martin, dont les précieux conseils ont sublimé notre récit ;
Laurent Henn, dont le talent artistique a donné vie à nos photographies ;
Nicolas Mathieux, notre guide, qui nous a menés dans les recoins les plus sombres et fascinants ;
Julien Guernier, l'ami aux multiples casquettes qui a su dénicher les archives des lieux oubliés ;
Romain Doublet et Richard Duvaleroy, alias « Papy gardien », dont l'humanité et l'authenticité ont été une source d'inspiration intarissable.

Mais aussi Victoria Fleurentin, Pierre-Alain de Garrigues, Laurent Rumayor, Guillaume Talavera, Émilien Castaing, Marc Pointud, Quentin, Philou, Vincent Guiso ainsi que les cafés Wengé et Comédie de Metz,

pour avoir rendu cet ouvrage possible.

RÉDACTION ET COORDINATION ÉDITORIALE
Florian Henn et Julien Aubrée

PHOTOGRAPHIES
François Calvier

DIRECTION ÉDITORIALE
Guillaume Talavera

CONCEPTION ARTISTIQUE ET MISE EN PAGE
Émilien Castaing

FABRICATION
Christian Toanen et Nikola Savic

Achevé d'imprimer en Italie par C.P.M.
Dépôt légal : JUIN 2018
ISBN 13 : 978-2-7499-3594-2
LAF 2435